Constantin Lendel, Hermann Groß,
Heinz Andreas, Bernd Schreiber

Wirtschaft kompakt

Basiswissen für die Schule

Constantin Lendel, Hermann Groß,
Heinz Andreas, Bernd Schreiber

Wirtschaft kompakt

Basiswissen für die Schule

Bibliografische Information der Deutschen Nationalbibliothek

Die Deutsche Nationalbibliothek verzeichnet diese Publikation in der Deutschen Nationalbibliografie; detaillierte bibliografische Daten sind im Internet unter http://dnb.d-nb.de abrufbar.

www.wochenschau-verlag.de

Umschlaggestaltung: Ohl Design
Gedruckt auf chlorfrei gebleichtem Papier
Gesamtherstellung: Wochenschau Verlag
Titelbild: © lovelyday12 - stock.adobe.com
ISBN 978-3-7344-1412-1 (Buch)
E-Book ISBN 978-3-7344-1413-8 (PDF)
DOI https://doi.org/10.46499/1891

Vorwort

Ziel des vorliegenden Werkes „Wirtschaft kompakt – Basiswissen für die Schule" ist, wirtschaftliches Grundlagenwissen kompakt und prägnant zu vermitteln. Dabei stehen die grundlegenden Theorien und Denkannahmen der Wirtschaftswissenschaften im Vordergrund, sodass mit diesem Wissen auch die aktuellen wirtschaftlichen Ereignisse analysiert und bearbeitet werden können.

Das Werk strukturiert sich an den Akteuren des Wirtschaftskreislaufes, sodass es allgemein nachvollziehbar geordnet ist. Vorangestellt ist ein einführendes Kapitel mit wirtschaftlichen Grundlagen, das hilft, in die ökonomische Denkweise einzusteigen. Grafiken, Schaubilder und Tabellen unterstützen die Themen. Gerade in Kombination mit aktuellen Wirtschaftsmeldungen aus der Tagespresse kann somit Basiswissen für den Unterricht veranschaulicht werden. Jedem Kapitel folgt ein Fragenteil, der sich an den kompetenzorientierten Operatoren der Kultusministerkonferenz orientiert. Diese Fragen können dabei sowohl zum vertieften Lernen, als auch zum Vorbereiten von Klausuren genutzt werden.

Den Schüler*innen bietet sich dadurch zum einen die Möglichkeit, Stoff komprimiert nachzuschlagen, zu wiederholen und für Prüfungen zu vertiefen. Zum anderen können Lehrkräfte, die sich in das Thema Wirtschaft (ggf. fachfremd) einarbeiten wollen, dies mit dem vorliegenden Basiswissen in übersichtlicher und kompakter Form tun. Somit ist das Werk im Wirtschaftsunterricht, aber auch im Politikunterricht (Gemeinschafts-/Sozialkunde) einsetzbar.

Die Autoren hoffen, dass der Spagat zwischen umfangreichem Inhalt auf der einen Seite und knapper Übersichtlichkeit auf der anderen geglückt ist.

Für Anregungen und Verbesserungsvorschläge sind sie dankbar.

Inhalt

1. Grundlagen des Wirtschaftens

1.1 Bedürfnisse/Bedarf und Knappheit der Güter

Die Wünsche der Menschen, zum Beispiel nach Nahrung, Kleidung und Wohnung sind Ausgangspunkt wirtschaftlichen Handelns. Diesen Wünschen steht die Tatsache gegenüber, dass die meisten Güter knapp, also nicht unbeschränkt frei zur Verfügung stehen.

Persönliche Ansprüche

Im wirtschaftlichen Sprachgebrauch bezeichnet man das Empfinden eines Mangels, verbunden mit dem Wunsch, diesen Mangel zu beseitigen als **Bedürfnis**. Wir unterscheiden folgende **Bedürfnisarten:**

Nach der Dinglichkeit

- Existenzbedürfnisse (müssen zum Überleben erfüllt werden z. B.: Nahrung, Wohnung)
- Kulturbedürfnisse (entstehen, da Menschen in einer bestimmten Gesellschaft mit einer bestimmten Kultur leben, z. B.: Theater, Literatur, Fernsehen)
- Luxusbedürfnisse
  (Wünsche, deren Erfüllung nicht als sehr wesentlichen angesehen werden, z. B.: Luxusauto, Yacht, teurer Schmuck)

Nach dem Bewusstsein

- Offene Bedürfnisse (Bedürfnisse, die der Mensch bewusst empfindet z. B.: Hunger, Durst)
- Latente Bedürfnisse (Schlummern im Menschen und werden erst durch äußere Einflüsse geweckt, z. B.: Werbung)

Nach der Art der Befriedigung

- Individualbedürfnisse (Bedürfnisse des Einzelnen, z. B.: Brot, Möbel, Urlaubsreise)
- Kollektivbedürfnisse (Bedürfnisse der Gesellschaft, z. B.: Bildung, medizinische Versorgung, Rechtssicherheit)

Das Einkommen und das Vermögen (=Kaufkraft) der einzelnen Menschen entscheiden darüber, ob sie ihre Bedürfnisse befriedigen können. Man bezeichnet den Teil der Bedürfnisse, für den Kaufkraft vorhanden ist, als **Bedarf**.

Güter

Güter nennt man alle Mittel, die die Bedürfnisse befriedigen. Es gibt unterschiedliche Möglichkeiten, Güter zu unterteilen:

Nach ihrer Verfügbarkeit

- Freie Güter (sind im Verhältnis zu den Bedürfnissen reichlich vorhanden, z. B.: Luft, Sand in der Wüste)
- Wirtschaftliche Güter (sind Knapp und müssen deshalb bewirtschaftet werden, z. B.: Butter, Autos)

Nach Ihrer Art

- Sachgüter (Sind materielle Güter, z. B.: Kleider, Möbel)
- Dienstleistungen (Arbeitsleistungen und Einrichtungen werden bereitgestellt, z. B.: Handel, Banken)
- Rechte (sind immaterielle Güter, z. B.: Patente, Forderungen)

Nach ihrer Nutzung

- Verbrauchsgüter (werden im Privatbereich einmalig genutzt oder gehen bei der Produktion unter, z. B.: Butter im Haushalt oder Holz in der Möbelproduktion)
- Gebrauchsgüter (können im Privatbereich oder in der Produktion mehrmals genutzt werden, z. B.: Möbel im Privatbereich oder Maschinen in der Produktion)

Übersicht 1: Bedürfnisse – Güter

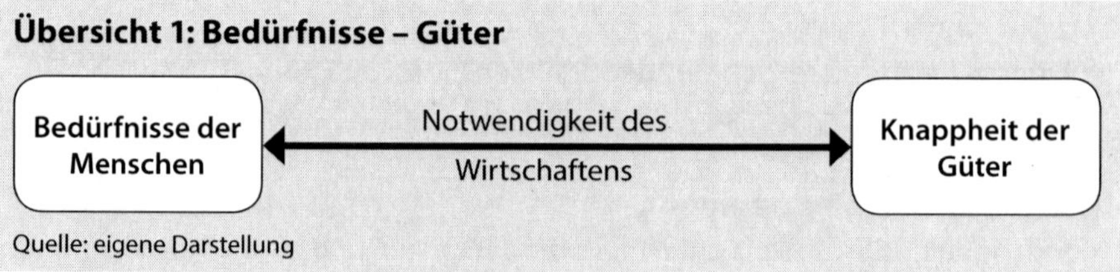

Quelle: eigene Darstellung

In diesem Zusammenhang muss der Begriff **„Homo Oeconomicus“** (Wirtschaftsmensch) genannt werden. Mit diesem Begriff bezeichnen Wirtschaftswissenschaftler einen in der Wirtschaft handelnden Menschen, dessen einziges Ziel die Nutzenmaximierung, für den Konsumenten, oder Gewinnmaximierung für die Produzenten ist. Dabei geht man davon aus, dass er alle Informationen über Angebot und Nachfrage, Mengen, Preise und Produktionskosten hat. Da Menschen aber nicht nur rational nach wirtschaftlichen Kriterien handeln, sondern z.B. auch persönliche Präferenzen (Vorlieben) bei ihren Entscheidungen berücksichtigen, ist das theoretische Modell des Homo Oeconomicus nicht realistisch. Es bildet aber die Grundlage für viele Wirtschaftsmodelle.

1.2 Ökonomisches Prinzip

Die Kombination der Produktionsfaktoren bei der Herstellung der Güter erfolgt nach dem ökonomischen Prinzip (= Prinzip der Wirtschaftlichkeit). Dieses ökonomische Prinzip gibt es in zwei Ausprägungen und zwar als Maximal- und als Minimalprinzip.

Übersicht 2: Maximal- und Minimalprinzip

Maximalprinzip	Mit einem vorgegebenen Einsatz von Mitteln soll ein größtmöglicher (maximaler) Erfolg erzielt werden. Bsp.: Mit 30 Liter Benzin möglichst weit fahren.
Minimalprinzip	Ein bestimmter Erfolg soll mit dem geringsten (minimalen) Einsatz Von Mitteln erzielt werden. Bsp.: 100 km weit fahren mit möglichst geringem Benzinverbrauch.

Quelle: eigene Darstellung

1.3 Wirtschaftskreislauf

Die wirtschaftlichen Beziehungen der Wirtschaftssubjekte sind sehr komplex. Um sie besser verstehen zu könne, bedient man sich einer vereinfachten Darstellung, eines Modells. In diesem Modell sind alle gleichartigen Wirtschaftssubjekte zu jeweils einer Gruppe zusammengefasst. Beim einfachen Wirtschaftskreislauf werden nur die Beziehungen zwischen der Gruppe der Unternehmungen und der privaten Haushalte betrachtet.

Übersicht 3: Einfacher Wirtschaftskreislauf

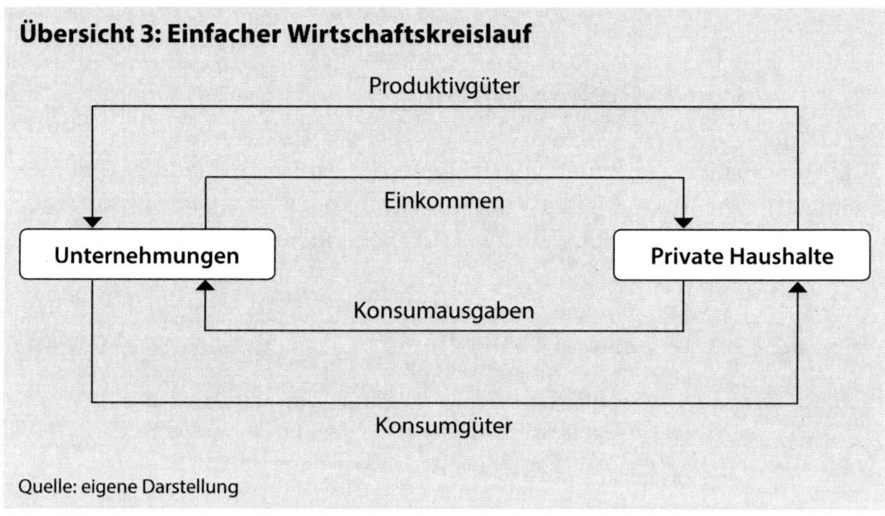

Quelle: eigene Darstellung

Nach Angaben des statistischen Bundesamtes belief sich das durchschnittliche monatliche Bruttoeinkommen der Privathaushalte in Deutschland 2019 auf 4794 €. Dabei waren die wichtigste Einnahmequelle die Einkünfte aus Erwerbstätigkeit mit 64 %. Durchschnittlich 3063 € im Monat stammten aus unselbstständiger und selbstständiger Tätigkeit.

Um das Gesamtgeschehen in der Wirtschaft darstellen zu können, muss der Wirtschaftskreislauf jedoch um die Bereiche Staat, Finanzsektor (z. B. Banken) und Ausland erweitert werden, sodass sich dann folgendes Bild ergibt:

Übersicht 4: Wirtschaftskreislauf

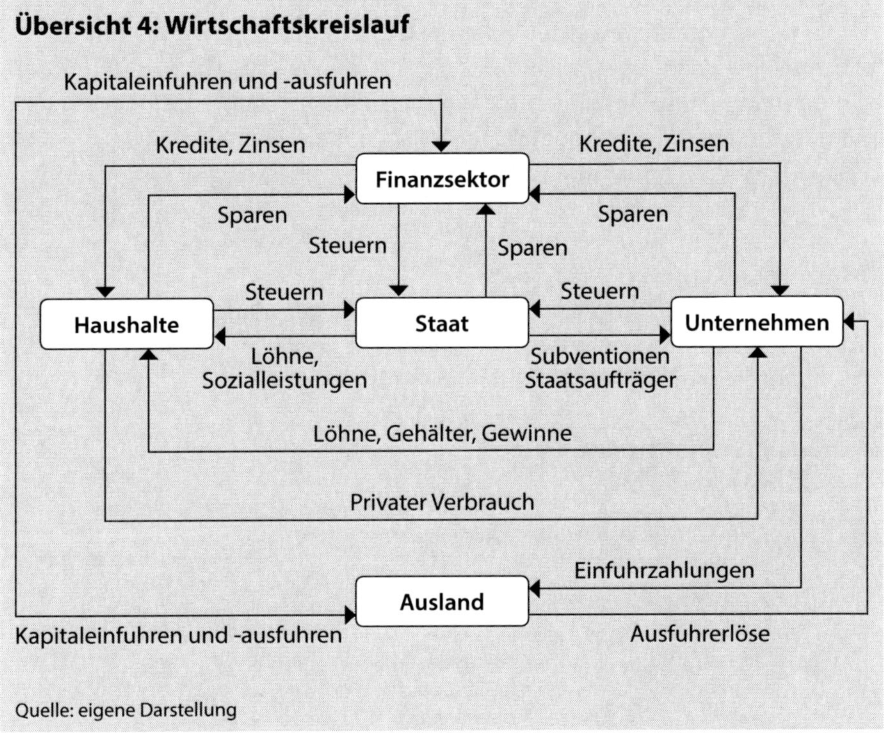

Quelle: eigene Darstellung

1.4 Markt und Preisbildung

Der Markt

Als Markt im wirtschaftlichen Sinn bezeichnet man den Ort und jede Situation, in der Güter getauscht werden oder ein Gütertausch angebahnt wird (so ist z.B. auch ein Telefongespräch, bei dem Güter angeboten bzw. nachgefragt werden, ein Markt). Das bedeutet, für einen Markt ist ganz entscheidend das Zusammentreffen von Angebot und Nachfrage. Dadurch bildet sich der (Markt-)Preis für dieses Gut.

Marktfunktionen

In einem marktwirtschaftlichen System besitzt der Markt ganz bestimmte Funktionen, mit deren Hilfe auch die Frage „WAS wird WIE für WEN produziert" beantwortet wird.

Übersicht 5: Marktfunktionen

Versorgungsfunktion	Der Markt soll eine optimale Versorgung der Bevölkerung gewährleisten.
Koordinationsfunktion	Mit Hilfe des Marktmechanismus soll ein Ausgleich zwischen Angebot und Nachfrage gefunden werden.
Preisbildungsfunktion	Durch relative Größe von Angebot und Nachfrage bildet sich auch der Preis des Tauschgegenstandes. Der Preis spiegelt somit die Knappheit eines Gutes wider (vgl. dazu S. 18ff.)
Distributionsfunktion	Der Markt regelt auch die Verteilung (Distribution) der Güter. Das Angebot wird in Abhängigkeit von Kaufkraft und Präferenzen auf Wirtschaftssubjekte verteilt.

Quelle: eigene Darstellung

Marktarten

Bisher wurde immer nur von dem „Markt" gesprochen. Schaut man aber genauer hin, dann existieren in einer arbeitsteiligen Wirtschaft eine Vielzahl unterschiedlicher Märkte. So kennen wir auch im Alltag und somit im alltäglichen Sprachgebrauch eine Differenzierung der Märkte:

- nach einem zeitlichen Faktor: Weihnachtsmarkt, Wochenmarkt, Maimarkt etc.
- nach den gehandelten Gütern: Baumarkt, Fischmarkt, Blumenmarkt etc.
- nach anderen Aspekten: Großmarkt, Flohmarkt, Supermarkt etc.

Auch die Volkswirtschaft kennt eine entsprechende Differenzierung, die sich allerdings auf den wirtschaftlich bedeutsamen Marktgegenstand bezieht. Dabei werden Marktarten häufig mit Marktformen verwechselt.

Übersicht 6: Marktarten

Gegenstand	Marktart
Güter	**Gütermärkte** Hier geht es um Sachgüter und Dienstleistungen. Häufig spricht man auch von Produktmärkten.
Produktionsfaktoren	**Faktormärkte** Hier geht es um die Produktionsfaktoren. Der wichtigste Faktormarkt ist der Arbeitsmarkt.
Geld/Kredit	**Geld- und Kapitalmarkt** Hier geht es um Geldkapital. Am Geldmarkt im engeren Sinn treten nur Zentralbank, Geschäftsbanken und große Wirtschaftsunternehmen auf. Gehandelt werden u.a. Bargeld und Wertpapiere mit kurzen Laufzeiten. Am Kapitalmarkt dagegen geht es um langfristige Kredite und Anlagen.

Quelle: eigene Darstellung

Vollkommener und unvollkommener Markt

Ein weiteres Unterscheidungskriterium der Märkte bezieht sich auf die qualitative Beschaffenheit. Man spricht hier dann von vollkommenen und unvollkommenen Märkten.

Ein vollkommener Markt muss ganz bestimmte Bedingungen erfüllen:

a. Homogenität der Güter
Das gehandelte Gut muss sachlich gleichartig (homogen) sein. Dies ist dann gegeben, wenn im Urteil der Nachfrager das Gut weder in Qualität noch in Aufmachung oder Verpackung unterscheidet.

b. Markttransparenz
Jeder Marktteilnehmer kennt alle Preisforderungen und Gebote der anderen Marktseite, d.h. alle Marktteilnehmer verfügen über alle Informationen des Marktgeschehens.

c. Keine räumliche Differenzierung
Käufer und Verkäufer befinden sich z.B. am selben Ort.

d. Keine zeitlichen Differenzierungen
Es gibt z.B. keine unterschiedlichen Lieferfristen, gleich schnelle Bedienung.

e. Keine persönlichen Differenzierungen
Verkäufer und Käufer dürfen keine „persönlichen" Vorlieben haben (z.B. besondere Sympathie für einen Marktteilnehmer) und deshalb bereit sein einen höheren Preis zu bezahlen.

Sollte eine dieser Bedingungen nicht erfüllt sein, spricht man von einem unvollkommenen Markt. Schaut man sich die Realität an, dann haben wir in der Regel grundsätzlich unvollkommene Märkte. Eine Ausnahme bildet hier die Börse (siehe dazu Kap. 4.2, S. 129ff.).

Marktformen

Ein weiteres Kriterium Märkte zu unterscheiden ist die Anzahl der Marktteilnehmer. Grundsätzlich werden sowohl auf der Anbieter- als auch auf der Nachfragerseite drei Grundformen des Marktes unterschieden:

Viele – Wenige – Einer

Polypol = Ein Gut wird von vielen Anbietern (mit geringen Marktanteilen) angeboten.
Oligopol = Ein Gut wird von wenigen Anbietern (mit großen Marktanteilen) angeboten.
Monopol = Ein Gut wird nur von einem Anbieter angeboten.

Nimmt man nun die Nachfragerseite mit hinzu, ergeben sich weitere Konstellationen

Übersicht 7: Monopol/Oligopol/Polypol

Nachfrager / Anbieter	einer	wenige	viele
einer	**zweiseitiges Monopol** (z. B. Markt für spezielle Sonderanfertigungen)	**beschränktes Angebotsmonopol** (z. B. Markt für spezielle technische Geräte)	**Angebotsmonopol** (z. B. Zustellung von Briefen)
wenige	**beschränktes Nachfragemonopol** (z. B. Markt für Rüstungsgüter)	**zweiseitiges Oligopol** (z. B. Markt für Flugzeuge)	**Angebotsoligopol** (z. B. Markt für Kraftstoffe)
viele	**Nachfragemonopol** (z. B. öffentlicher Straßenbau)	**Nachfrageoligopol** (z. B. Markt für Obstverwertung)	**zweiseitiges Polypol** (z. B. Markt für Lebensmittel)

Quelle: eigene Darstellung

Eine weitere Unterscheidung könnte nun auch noch im Zusammenhang mit vollkommenen und unvollkommenen Märkten vorgenommen werden.

Preisbildung am Markt

Auf einem Wochenmarkt gibt es viele Nachfrager und viele Anbieter. Der Nachfrager = Käufer verhält sich normalerweise so, dass er bei einem hohen Preis weniger kaufen will als bei einem niedrigen Preis und dass seine Bereitschaft zu kaufen bei steigendem Preis eines Gutes sinkt, während sie mit sinkendem Preis zunimmt. Für die Gesamtnachfrage auf dem Markt müssen die Mengen der einzelnen Käufer addiert werden.

Daraus ergibt sich folgendes Bild für die Nachfrage:

Abbildung 1: Die Nachfrage

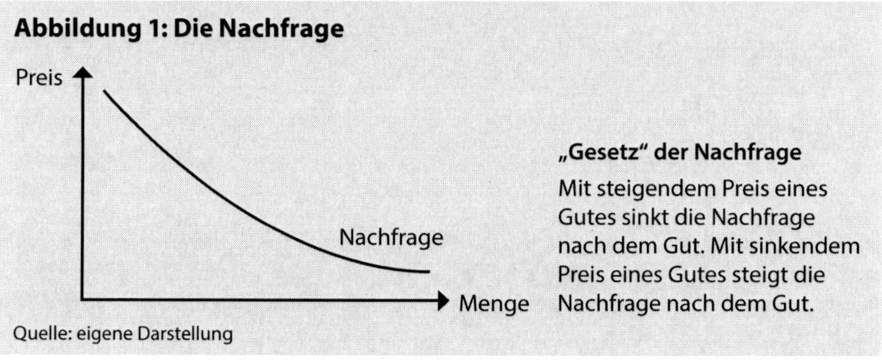

„Gesetz" der Nachfrage

Mit steigendem Preis eines Gutes sinkt die Nachfrage nach dem Gut. Mit sinkendem Preis eines Gutes steigt die Nachfrage nach dem Gut.

Quelle: eigene Darstellung

Der **Anbieter = Verkäufer** verhält sich genau umgekehrt wie der Käufer, da er gegensätzliche Interessen hat. Er wird eine größere Menge bei steigenden Preisen anbieten, um seinen Gewinn zu steigern. Bei niedrigen oder sinkenden Preisen wird er jedoch weniger verkaufen wollen. Manche Verkäufer sind schließlich überhaupt nicht mehr bereit, zu einem sehr niedrigen Preis zu verkaufen.

Daraus ergibt sich folgendes Bild für das Angebot:

Abbildung 2: Das Angebot

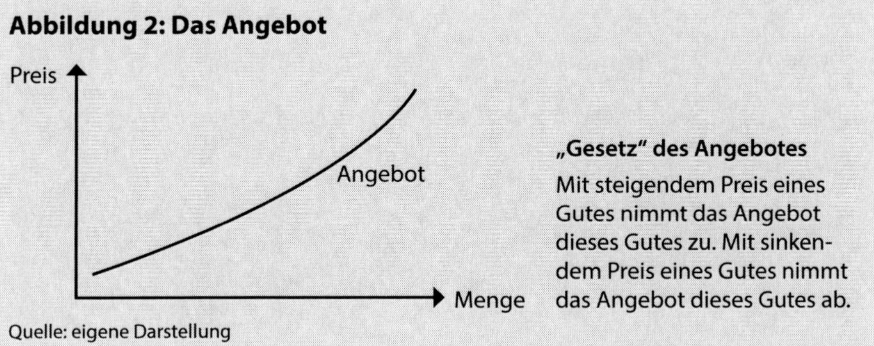

„Gesetz" des Angebotes

Mit steigendem Preis eines Gutes nimmt das Angebot dieses Gutes zu. Mit sinkendem Preis eines Gutes nimmt das Angebot dieses Gutes ab.

Quelle: eigene Darstellung

Betrachtet man Angebot und Nachfrage zusammen, ergibt sich folgendes Bild:

Abbildung 3: Angebot und Nachfrage

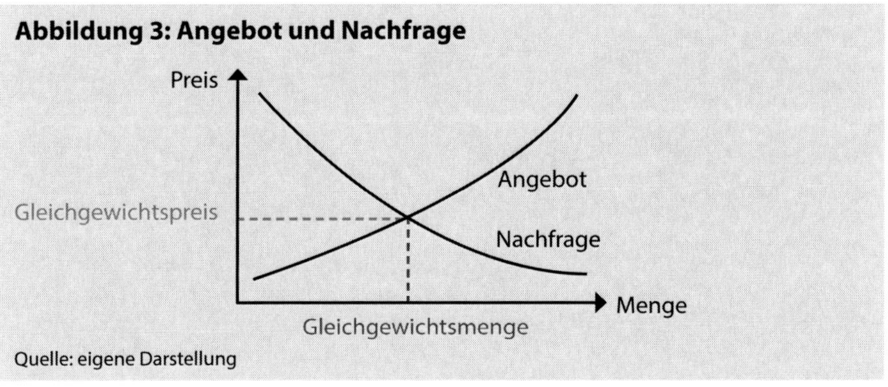

Quelle: eigene Darstellung

Es ist zu erkennen, dass sich nur in einem Punkt, den man Gleichgewichtspunkt nennt, beide Kurven schneiden. Beim Gleichgewichtspreis kommen alle, die zu diesem kaufen und verkaufen wollen, zum Zuge. Es ist der Preis, zu dem die größte Menge verkauft werden kann. Man sagt, der Gleichgewichtspreis „räumt den Markt". Zum Beweis nehmen wir an, es käme ein Preis zustande, der über dem Gleichgewichtspreis liegt:

Abbildung 4: Angebotsüberhang

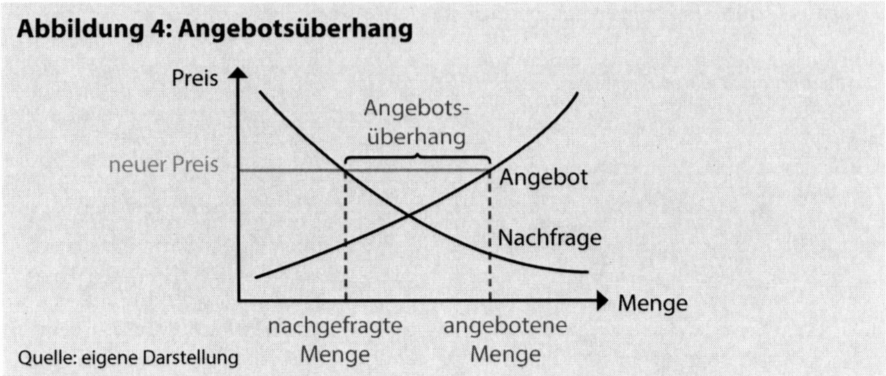

Quelle: eigene Darstellung

Die Käufer wollen zu diesem Preis weniger kaufen; die Verkäufer sind jedoch bereit, mehr zu verkaufen. Es herrscht ein Angebotsüberhang. Die Verkäufer bleiben auf der Ware sitzen, da nur eine geringere Menge nachgefragt und damit verkauft wird, denn nur so viele Nachfrager sind kaufbereit.

1.5 Geld und Geldwert

Die Bedeutung des Geldes

Die Urform des Zahlungsverkehrs war der direkte Tausch, Ware gegen Ware (Naturaltausch).

Die Schwierigkeiten bestanden jedoch darin, den Wert für die einzelnen Güter festzulegen. Außerdem musste man die richtigen Partner finden, die die eigenen Waren gegen das eintauschen wollten, was man anbot. Um den Handel zu vereinfachen, benutzte man im Laufe der Zeit bestimmte Güter als Tauschmittel. Mit ihnen wurde der Wert aller anderen Waren gemessen. Man tauschte zunächst seine Ware gegen ein Tauschmittel und anschließend dieses gegen eine andere Ware. Dazu eigneten sich nur Dinge, die von jedem jederzeit als Zwischentauschgut angenommen wurden. Es entstand die älteste Geldform, das Warengeld. Als Warengeld dienten lange Zeit beispielsweise Steine, Salz, Vieh, Felle, Zähne, Perlen usw. Später lösten Metalle, Silber und Gold, diese Tauschmittel ab. Zunächst wog man die Metalle noch bei Zahlung. Später wurden sie dann mit genormtem Gewicht in Umlauf gebracht. Die Münze als Urform des Geldes ist auf diese gewichtsgleichen Metallstücke zurückzuführen. Papiergeld entwickelte sich erst im Mittelalter aus den Depositenscheinen und -quittungen. Die sowohl von Geldwechslern als auch von Banken denjenigen als Quittung gegeben wurden, die bei ihnen Metall(-geld) hinterlegt hatten.

Im praktischen Gebrauch ist Geld also ein Zahlungsmittel, das sich von Tauschmitteln dadurch unterscheidet, dass es nicht unmittelbar den Bedarf eines Tauschpartners befriedigt, sondern auf Grund der allgemeinen Anerkennung zu weiterem **Tausch** eingesetzt werden kann.

Arten des Geldes

Auch die Hartgelder und späteren Banknoten (Bargeld) entsprachen in der modernen Wirtschaft, in der immer größere Mengen Geld immer schneller und häufiger über weite Entfernungen hinweg gezahlt werden mussten, nicht mehr den Anforderungen. So war z. B. der Transport von Geld wegen der Gefahr eines Überfalls sehr riskant. Die Lösungen solcher Probleme führte zum bargeldlosen Zahlungsverkehr.

Übersicht 8: Arten des Geldes

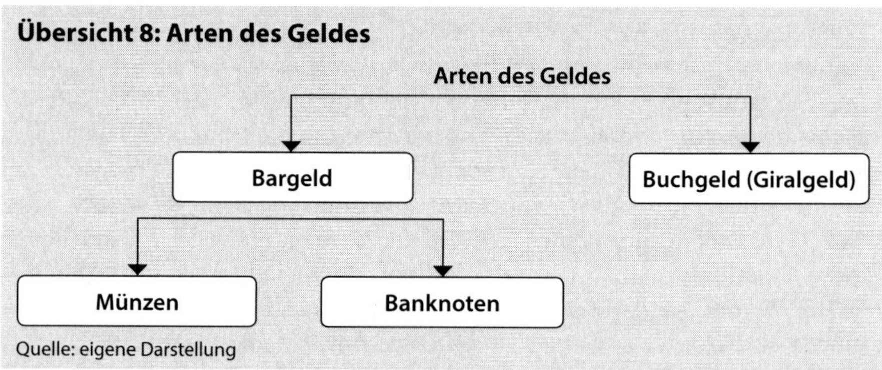

Quelle: eigene Darstellung

Beim Zahlungsverkehr werden Zahlungen einfach durch Kontozuschreibungen und -abschreibungen getätigt.

Funktionen des Geldes

Das Geld erfüllt in der modernen Wirtschaft vier Aufgaben:

Allgemeines Tauschmittel: Eine zentrale Bedeutung kommt dem Geld als Zahlungsmittel zu. Es erleichtert den Austausch von Gütern in einer arbeitsteiligen Wirtschaft.

Allgemeiner Wertmaßstab: Mit dem Geld ist eine Recheneinheit geschaffen, die die Güter addierbar und vergleichbar macht. Erst mit dem Geld als allgemeinen Wertmaßstab ist eine Preisbildung möglich geworden und somit lassen sich Vermögenswerte einheitlich ausdrücken.

Zahlungsmittel: Geld kann aber nicht nur zur Wertbestimmung und zum Bezahlen von Gütern dienen, mit ihm lassen sich auch einseitige Wertübertragungen vornehmen, können Steuern bezahlt und Einkommen übertragen werden .

Wertaufbewahrungs-, Wertübertragungs- und Kreditmittel: Ist das Geld über längere Zeit wertbeständig, dann dient es auch als Wertaufbewahrungsmittel. Es lässt sich aufbewahren, indem zunächst auf den Kauf von Gütern verzichtet wird, also gespart wird, um es in einer späteren Zeit für Konsumzwecke zu verwenden. Ein Teil des gesparten Geldes kann aber auch den Unternehmungen zur Verfügung gestellt werden, die damit Investitionen finanzieren können.

Seine vielfältigen Funktionen kann das Geld nur erfüllen, wenn Vertrauen in seine Wertbeständigkeit besteht.

Wert des Geldes

Das gesetzliche Zahlungsmittel eines Landes wird als Währung bezeichnet. Der Staat bestimmt, welches Geld in seinem Hoheitsgebiet zugelassen ist. In der Bundesrepublik Deutschland ist jeder zur Annahme von Euro und Cent verpflichtet. Seit 1999 wurde der Euro als Buchgeld, 2002 als Bargeld eingeführt.

Innenwert des Geldes

Der Innenwert des Geldes richtet sich nach der Kaufkraft des Geldes im Inland. Die Kaufkraft des Geldes gibt an, wie viele Güter man für eine bestimmte Geldeinheit, z. B. 100,00 € bekommt. Erhält man im folgenden Zeitraum, z. B. Monat, Jahr, weniger für sein Geld, weil die Preise gestiegen sind, so ist die Kaufkraft gesunken. Umgekehrt steigt die Kaufkraft, wenn die Preise sinken. Die Entwicklung der Kaufkraft wird über Preisindizes vom Statistischen Bundesamt ermittelt. Viele Waren und Dienstleistungen sind in den letzten Jahren teurer, andere Güter sind billiger geworden. Erst durch einen Vergleich der gesamten Lebenshaltungskosten eines Haushaltes mit den Kosten der zurückliegenden Monate oder Jahre kann eine Aussage über die Preisentwicklung und damit über die Entwicklung der Kaufkraft gemacht werden. Das Statistische Bundesamt hat alle Waren und Dienstleistungen, die ein bundesdeutscher Durchschnittshaushalt monatlich verbraucht, in einem Warenkorb zusammengefasst. Dieser Warenkorb enthält ausgesuchte Güter, deren Preisveränderung von Jahr zu Jahr in einem Preisindex (Preisanzeiger) festgehalten wird.

Der Warenkorb soll den Käufergewohnheiten entsprechen. Ändern sich die Käufergewohnheiten, geben die Bürger zum Beispiel weniger Geld für

Nahrungsmittel und mehr Geld für Bildung/Freizeit/Unterhaltung aus, muss auch die Zusammensetzung des Warenkorbs verändert werden. Preisindex und Kaufkraft sind nicht gleichzusetzen mit dem Lebensstandard. Die Kaufkraft des Geldes ist seit 1950 zwar gefallen, aber wegen der höheren Löhne und Gehälter kann man mit seinem Einkommen deutlich mehr kaufen als damals. Preisveränderungen können inflationär oder deflationär sei.

Abbildung 5: Warenkorb 2020

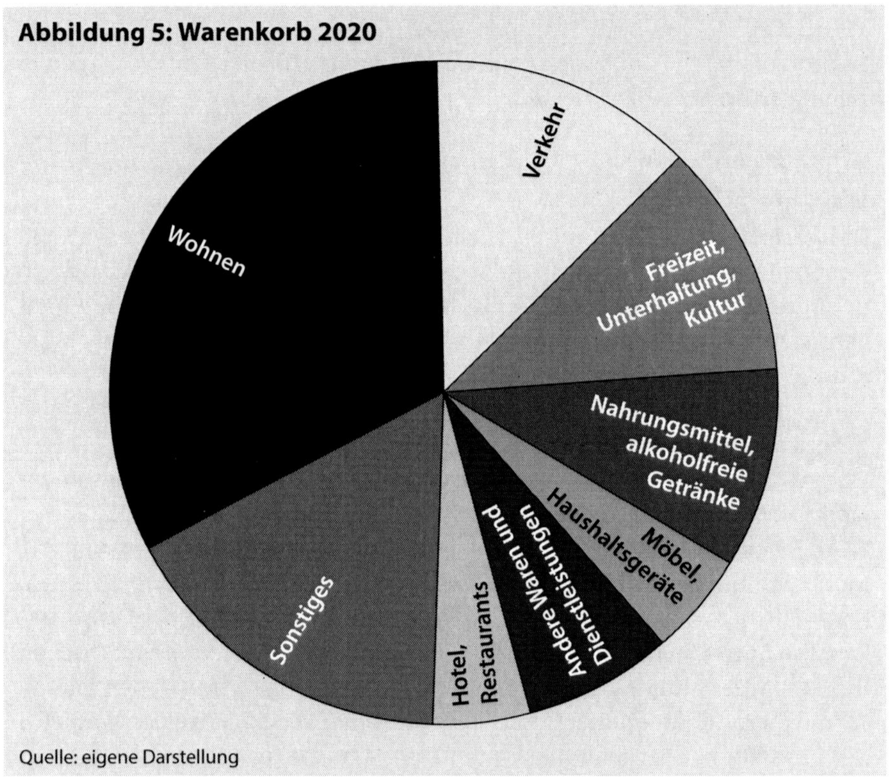

Quelle: eigene Darstellung

Inflation und Deflation

Unter Inflation (Geldentwertung) versteht man einen Prozess allgemeiner Preissteigerungen, d.h. die Kaufkraft des Geldes sinkt.

Abbildung 6: Inflationsarten

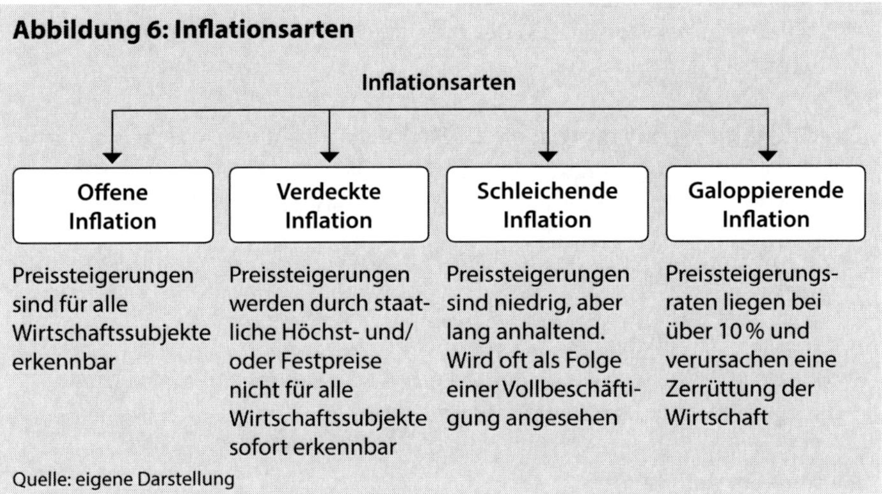

Quelle: eigene Darstellung

Welches sind die Ursachen für eine Inflation? Es gibt verschiedene Theorien, die das Zustandekommen einer Inflation erklären:

Abbildung 7: Zustandekommen von Inflation

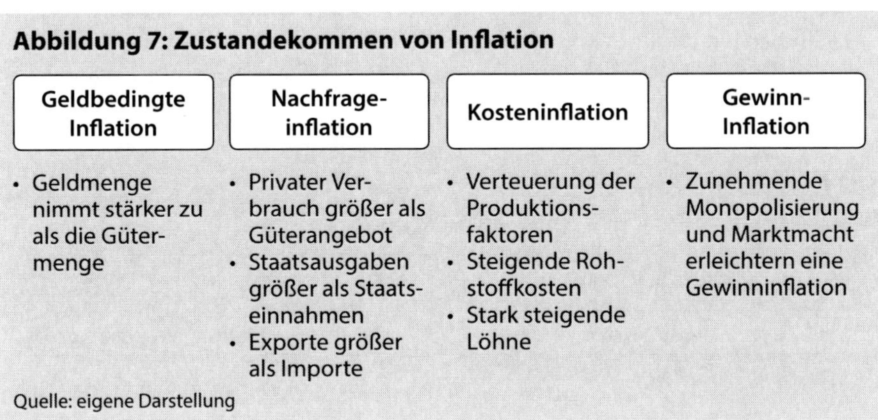

Quelle: eigene Darstellung

Eine Inflation hat folgende Auswirkungen:

- Flucht in Sachwerte, z. B. Grundstücke, Gold
- Sparer werden durch die Geldentwertung benachteiligt, da sie mit dem gesparten Geld weniger kaufen können.
- Schuldner haben Vorteile, da der tatsächliche Wert der Schulden abnimmt.

Der Gegensatz zu Inflation ist die **Deflation**. Sie ist in den Volkswirtschaften selten. Die Preise fallen und die Kaufkraft steigt. Da das Angebot an Gütern größer ist als die Nachfrage nach Gütern, reagiert die Wirtschaft wie folgt:

- Die Produktion geht zurück,
- die Arbeitslosigkeit nimmt zu,
- die Löhne fallen,
- der Staat nimmt weniger Steuern ein,
- der tatsächliche Wert der Schulden erhöht sich, dies kann dazu führen, dass immer mehr Betriebe insolvent werden.

Außenwert des Geldes

Der **Außenwert** drückt den Wert des Euro im Verhältnis zu anderen Währungen aus. Dieses Wertverhältnis des Euro zu anderen Währungen drückt sich im **Wechselkurs** aus. Der Wechselkurs gibt an, wie viel Euro man für 1, 10, 100 oder 1000 Einheiten einer ausländischen Währung bezahlen muss. Die baren ausländischen Zahlungsmittel sind Sorten: Banknoten und Münzen. Die bargeldlosen ausländischen Zahlungsmittel werden als Devisen bezeichnet: Schecks und Auszahlungen.

Abbildung 8: Wechselkurse

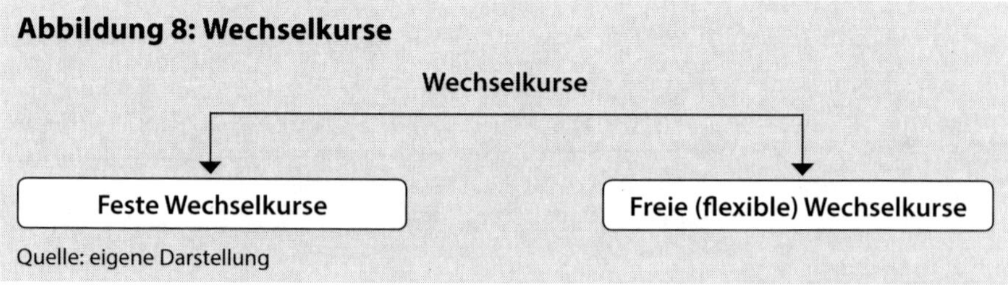

Quelle: eigene Darstellung

Feste Wechselkurse sind dadurch gekennzeichnet, dass die Staaten oder die Zentralnotenbanken einen festen oder nur innerhalb bestimmter Bandbreiten flexiblen Preis ihrer Währungen vereinbaren. Erreicht der Wechselkurs die Bandbreite, dann greift die Europäische Zentralbank durch Kauf bzw.

Verkauf von Devisen ein, sie interveniert, um den Wechselkurs in der Bandbreite zu halten.

Freie Wechselkurse sind dadurch gekennzeichnet, dass sich der Preis einer ausländischen Währung allein durch **Angebot und Nachfrage t = Floating**) bildet, ohne Interventionspflicht der Zentralbank am Devisenmarkt. Ein Beispiel dafür ist der US-Dollar. Sein Wechselkurs unterliegt deshalb sehr starken Schwankungen.

Auf- und Abwertung als Steuerungsmittel

Aufwertung bewirkt, dass der Wert der betreffenden Währung steigt, verbunden mit einer Verbilligung der Einfuhren und einer Verteuerung der Ausfuhren.

Abwertung bedeutet umgekehrt, der Wert einer Währung gegenüber anderen Währungen verringert sich. Hierdurch verbilligt sich die Ausfuhr (Export), und die Einfuhr (Import) verteuert sich. Der Urlaub im entsprechenden Land verteuert sich.

FRAGEN

Grundlagen des Wirtschaftens

Reproduktion (Wiedergeben und Beschreiben)

1. Beschreiben Sie, warum Menschen wirtschaften müssen.
2. Arbeiten Sie heraus, was man unter einem Bedürfnis versteht.
3. Charakterisieren Sie den Begriff „Güter".
4. Charakterisieren Sie den Begriff „Homo oeconomicus".
5. Beschreiben Sie, welche Sektoren zum einfachen Wirtschaftskreislauf gehören.
6. Nennen Sie die Marktfunktionen.
7. Charakterisieren Sie die Begriffe „vollkommener Markt" und „unvollkommener Markt".
8. Nennen Sie die einzelnen Marktformen.
9. Beschreiben Sie, wie ein Gleichgewichtspreis zustande kommt.
10. Nennen Sie die Teilnehmer am Marktgeschehen, die die Preisbildung beeinflussen.
11. Beschreiben Sie, was Warengeld ist und welche Gegenstände dazu gehören.
12. Nennen Sie die verschiedenen Arten einer Inflation.
13. Arbeiten Sie heraus, wodurch sich feste und freie Wechselkurse unterscheiden.

Reorganisation und Transfer (Erklären, Bearbeiten und Ordnen)

1. Vergleichen Sie die Begriffe „Bedürfnis" und „Bedarf".
2. Erklären Sie, welche Bedürfnisse man unterscheiden kann.
3. Unterscheiden Sie offene und latente Bedürfnisse.
4. Stellen Sie dar, wie Güter unterteilt werden können.
5. Erläutern Sie, warum man Bedürfnis und Bedarf unterscheiden muss.
6. Stellen Sie verbal und grafisch dar, wie sich eine Preisänderung auf die nachgefragte Menge auswirkt.
7. Erklären Sie das Gesetz des Angebotes.
8. Begründen Sie, warum sich der Wechselkurs eines Landes verändern kann.

9. Ordnen Sie zu, welche Funktionen das Geld in den nachfolgenden Fällen hat:
   a) Julian kauft sich eine CD.
   b) Paulina zahlt auf ihr Sparbuch Geld ein.
   c) Theo erbt von seinen Eltern.
   d) Der Arbeitgeber überweist Florian sein Monatsgehalt.
10. Stellen Sie das Minimal- und das Maximalprinzip an selbstgewählten Beispielen dar.
11. Erklären Sie, welche Beziehungen zwischen Unternehmen und Haushalten bestehen.
12. Erklären Sie, welche Bedeutung das Geld in einer Volkswirtschaft hat.
13. Erläutern Sie den Unterschied zwischen Bargeld und Buchgeld.
14. Erläutern Sie die vier Funktionen des Geldes.
15. Stellen Sie dar, wie die Veränderungen der Kaufkraft des Euro erfasst werden.
16. Begründen Sie, warum ein Warenkorb in gewissen Abständen neu berechnet werden muss.
17. Vergleichen Sie Inflation und Deflation.
18. Stellen Sie dar, welche Ursachen es für eine Inflation gibt.
19. Erklären Sie, was ein Wechselkurs ausdrückt.

Reflexion und Problemlösung (Überlegen und Schlussfolgern)

1. Erörtern Sie, warum die Bedürfnisse der Menschen unterschiedlich sind.
2. Beurteilen Sie die Tatsache, dass der Homo oeconomicus nur als Denkmodel geeignet ist.
3. Überprüfen Sie die Aussage, dass eine Inflation Sparer benachteiligt.
4. Beurteilen Sie, ob es sinnvoll ist, den einfachen Wirtschaftskreislauf zu erweitern.
5. Überprüfen Sie, wie sich eine Inflation auf die Menschen eines Landes auswirkt.
6. Überprüfen Sie, welche Auswirkungen eine Aufwertung auf die Preise der Export- und Importgüter hat.
7. Bewerten Sie die Aussage, dass zum Gleichgewichtspreis der größtmögliche Umsatz zustande kommt.
8. Erörtern Sie die Tatsache, dass staatlich festgesetzt Preise, die über dem Gleichgewichtpreis liegen, zu einem Angebotsüberhang führen.

2. Private Haushalte

2.1 *Rechts- und Geschäftsfähigkeit*

Rechtsfähigkeit ist die Fähigkeit, Träger von Rechten und Pflichten zu sein.

Alle Personen des Rechtslebens (= Rechtssubjekte) sind von ihrer Geburt bis zu ihrem Tod rechtsfähig. Man unterscheidet jedoch zwischen natürlichen Personen und juristischen Personen.

Geschäftsfähigkeit ist die Fähigkeit, selbstständig Rechtsgeschäfte abzuschließen und Verbindlichkeiten einzugehen.

Übersicht 9: Rechtsfähigkeit

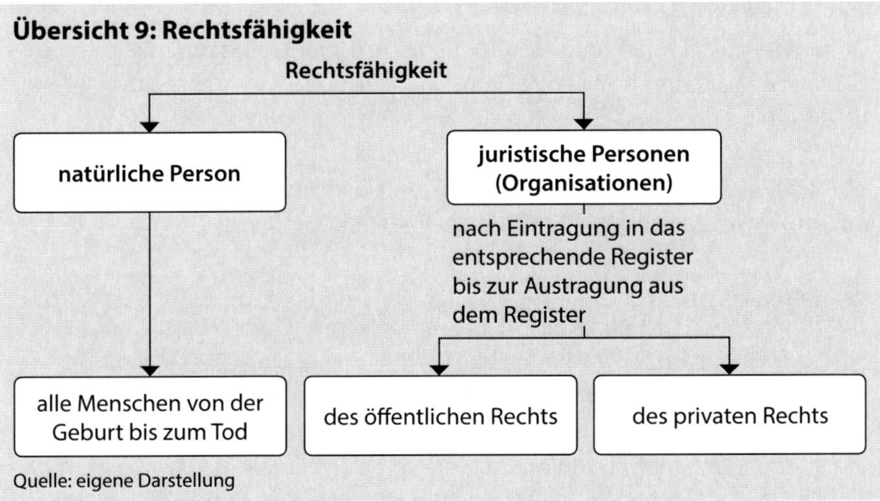

Quelle: eigene Darstellung

Bei natürlichen Personen unterscheidet man drei Stufen der Geschäftsfähigkeit:

- **Geschäftsunfähig** sind Kinder, die das siebente Lebensjahr noch nicht vollendet haben, sowie dauernd geisteskranke Personen.
- **Beschränkt geschäftsfähig** sind Minderjährige zwischen dem siebenten und dem 18. Lebensjahr. Ihre Rechtsgeschäfte sind von der Zustimmung

des gesetzlichen Vertreters abhängig. In einigen Fällen können Minderjährige auch ohne Mitwirkung ihrer gesetzlichen Vertreter rechtswirksam handeln:
- Das Rechtsgeschäft bringt dem beschränkt Geschäftsfähigen nur rechtliche Vorteile (z. B. Geschenke).
- Der beschränkt Geschäftsfähige verfügt über Mittel, die ihm zu diesem Zweck oder zur freien Verfügung überlassen wurden (Taschengeldparagraf).
- Die Rechtsgeschäfte ergeben sich aus einem vom gesetzlichen Vertreter erlaub- ten eigenen Arbeitsverhältnis. So kann z. B. ein minderjähriger Arbeitnehmer ein Gehaltskonto eröffnen, Arbeitskleidung kaufen usw.

• **Volle Geschäftsfähigkeit** besitzen alle, die das 18. Lebensjahr vollendet haben.

Ihre Willenserklärungen sind voll wirksam.
Juristische Personen haben immer die volle Geschäftsfähigkeit.

Arten der Rechtsgeschäfte

Damit ein gültiges Rechtsgeschäft zustande kommt, muss mindestens eine Person zunächst ihren Willen äußern. Dieses Sich-Äußern nennt man Willenserklärung.

Eine Willenserklärung ist die gewollte und zwangsfreie Erklärung einer Person, um einen rechtlichen Erfolg zu erreichen.

Beispiel:
Die 18-jährige Auszubildende Eva hat einmal in der Woche Berufsschulunterricht. Auf dem Weg zur Bushaltestelle kommt sie bei einer Bäckerei vorbei, wo sie sich zwei Brötchen kauft. An der Bushaltestelle zieht sie sich am Fahrkartenautomaten eine Einzelkarte, die sie im Bus entwertet. In der Pause teilt sie dem Gebrauchtwagenhändler Lutz telefonisch mit, dass sie den gestern besichtigten weinroten Kleinwagen kaufen möchte. Herr Lutz bittet sie, zur Vertragsunterzeichnung persönlich vorbeizukommen. Nach der Schule findet Eva im Briefkasten ein Mahnschreiben ihres Telefonanbieters, weil sie die letzte Telefonrechnung noch nicht überwiesen hat. Per Onlinebanking überweist Sie das Geld und bestellt sich im Internet dann auch einen neuen Pullover.

An diesem Beispiel kann aufgezeigt werden, dass es unterschiedliche Arten von Rechtsgeschäften gibt:

Abbildung 9: Rechtsgeschäfte

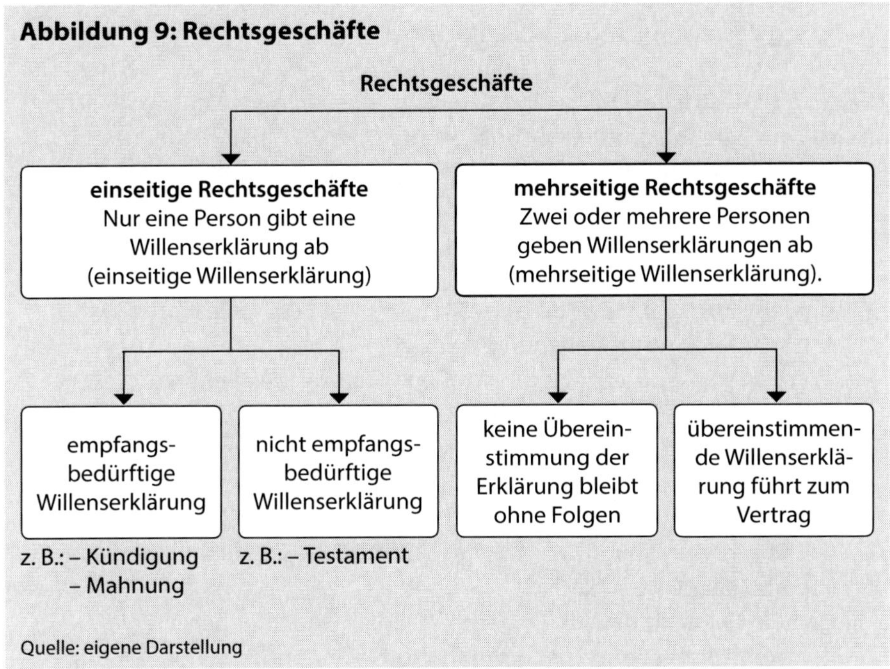

Quelle: eigene Darstellung

Formen von Rechtsgeschäften

Für die meisten Rechtsgeschäfte gibt es keine Formvorschrift. Sie können **mündlich** (z. B. das Bestellen eines Getränks in einem Lokal) oder **schriftlich** (Anforderung von Waren mit einem Brief oder einer Postkarte) geäußert werden. Für den Abschluss einiger Rechtsgeschäfte genügt sogar nur eine **schlüssige Handlung** (z. B. das Winken mit dem Arm, um ein Taxi zu rufen).

In bestimmten Ausnahmefällen besteht jedoch ein **Formzwang**:
Ein Berufsausbildungsvertrag ist nur gültig, wenn er in **Schriftform** vorliegt. Die Eintragung eines Unternehmens in das Handelsregister erfordert die **öffentliche Beglaubigung** der Unterschrift durch einen Notar und bei einem Grundstücksverkauf ist eine **notarielle Beglaubigung** des Vertragsinhaltes erforderlich.

Wirksamkeit von Rechtsgeschäften

Rechtsgeschäfte entstehen durch Willenserklärungen, die eine Rechtsfolge herbeiführen. Man unterscheidet zwischen wirksamen Rechtsgeschäften, nichtigen Rechtsgeschäften und anfechtbaren Rechtsgeschäften.

Wirksame Rechtsgeschäfte sind Vereinbarungen in mündlicher oder schriftlicher Form, die Ausdruck einer oder mehrerer Willenserklärungen sind (z. B.: Ein Kunde verlangt in einer Bäckerei zwei Sesambrötchen und bezahlt sie).

Nichtige Rechtsgeschäfte liegen vor,

- wenn gegen ein bestehendes Gesetz verstoßen wird (z. B. Rauschgifthandel).
- wenn ein Formmangel vorliegt (z. B.: Ein Berufsausbildungsvertrag wird nicht schriftlich festgehalten).
- wenn gegen die guten Sitten verstoßen wird, wie die Ausnutzung einer Notlage (z. B.: ein Kreditvertrag mit einem jährlichen Zinssatz von 45 %).
- wenn ein Scherzgeschäft oder ein Scheingeschäft abgeschlossen wird [z. B.: „All mein Hab und Gut für ein Glas Wasser!" (Scherzgeschäft). Ein Verkäufer verkauft sein Grundstück für 76.693,00 €. Mit Billigung des Käufers wird der Preis im Vertrag mit 51.129,00 € angegeben, um Steuern zu sparen (Scheingeschäft).]
- wenn ein Geschäft mit einem Geschäftsunfähigen oder beschränkt Geschäftsfähigen ohne Zustimmung des Erziehungsberechtigten abgeschlossen wird (z. B.: Ein sechsjähriger Junge verkauft das Fahrrad seines Vaters auf einem Flohmarkt).

Anfechtbare Rechtsgeschäfte liegen vor, wenn sie zustande gekommen sind durch

- Irrtum in der Erklärung (z. B.: Eine vergoldete Armbanduhr wird mit 0,61 € statt 61,36 € ausgezeichnet.)
- Irrtum in der Übermittlung (z. B.: Bei einer telefonischen Bestellung wird eine falsche Mengenangabe notiert.).
- Irrtum in wesentlichen Eigenschaften einer Sache (z. B.: Statt eines Markenpullovers wird ein Billigprodukt geliefert, in dem nur das Markenetikett eingenäht ist.).
- arglistige Täuschung (z. B.: die Einstellung eines Kfz-Meisters aufgrund gefälschter Zeugnisse).
- widerrechtliche Drohung (z. B.: Ein Gast droht einem Wirt mit einer Anzeige wegen mangelnder Hygiene in der Küche, wenn er nicht künftig sein Mittagessen zum halben Preis erhält).

Die Tragweite von Rechtsgeschäften

Verträge sind so abzuschließen, dass jeder Vertragspartner seine Pflichten beachten muss. Man spricht in diesem Zusammenhang von Vertragstreue. Bei der Anwendung von Verträgen kann es jedoch oft zu unterschiedlichen Auslegungen durch den Gläubiger und den Schuldner kommen. Davor will der Grundsatz von Treu und Glauben schützen.

Verträge sind so auszulegen, wie Treu und Glauben mit Rücksicht auf die Verkehrssitte es erfordern (§ 157 BGB).

Mit diesem Grundsatz von Treu und Glauben sollen Schuldner und Gläubiger vor Rechtsmissbrauch, z. B. arglistiger Täuschung des Vertragspartners, geschützt werden. Sie sollen sich so verhalten, wie es unter ehrlichen Partnern üblich sein sollte.

Für die Auslegung von Verträgen vor Gericht bedeutet dieser Grundsatz, dass kein starres Gesetzesrecht angewendet werden soll, sondern eine individualisierte Gerechtigkeit. Damit ist gemeint, dass im Klagefall vor Gericht die Besonderheiten des Einzelfalles berücksichtigt werden sollten.

2.2 Vertragswesen

Bei einem Vertrag vereinbaren die Vertragspartner, einen bestimmten Sachverhalt rechtsverbindlich zu regeln.

§ 433 Bürgerliches Gesetzbuch (BGB)
Durch den Kaufvertrag wird der Verkäufer einer Sache verpflichtet, dem Käufer die Sache zu übergeben und das Eigentum an der Sache zu verschaffen [...]. Der Käufer ist verpflichtet, dem Verkäufer den vereinbarten Kaufpreis zu zahlen und die gekaufte Sache abzunehmen.

Es gibt drei Grundformen des Kaufs:

- **Bürgerlicher Kauf:** Beide Parteien sind Privatpersonen (Nichtkaufleute). Der Kauf bildet also für keine Vertragspartei ein Handelsgeschäft (§§ 433–514 BGB).
- **Einseitiger Handelskauf:** Eine Vertragspartei ist Kaufmann. Nur für den Kaufmann bildet der Kauf ein Handelsgeschäft (§§ 373 ff. HGB).

- **Zweiseitiger Handelskauf:** Beide Vertragsparteien (Partner) sind Kaufleute. Alle besonderen Bestimmungen finden Anwendung (z. B. §§ 377–381 HGB).

Übersicht 10: Abschluss des Kaufvertrages

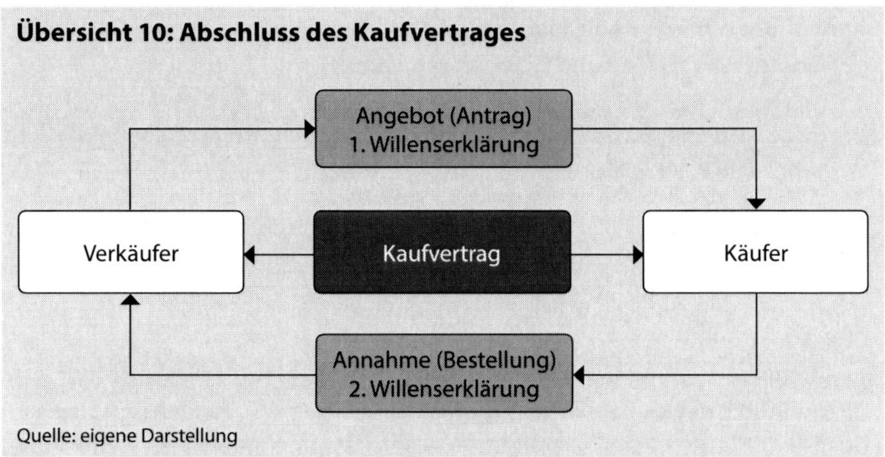

Quelle: eigene Darstellung

Die Initiative zum Abschluss eines Kaufvertrages kann sowohl vom Käufer als auch vom Verkäufer ausgehen.

- Macht der Verkäufer ein Angebot – man spricht auch von Antrag –, erklärt der Käufer durch die Annahme des Antrags seinen Willen zum Vertragsabschluss. Voraussetzung ist natürlich, dass die Bestellung des Käufers mit dem Angebot übereinstimmt.
- Gibt der Käufer eine Bestellung auf (= Antrag), wird der Kaufvertrag durch die Bestellungsannahme des Verkäufers geschlossen (= Annahme).

Da für Angebote kein Formzwang besteht, können sie in mündlicher (fernmündlicher) oder schriftlicher Form unterbreitet werden.

Abbildung 10: Rechte und Pflichten der Vertragspartner
(Beispiel: Erwerb eines Pkw)

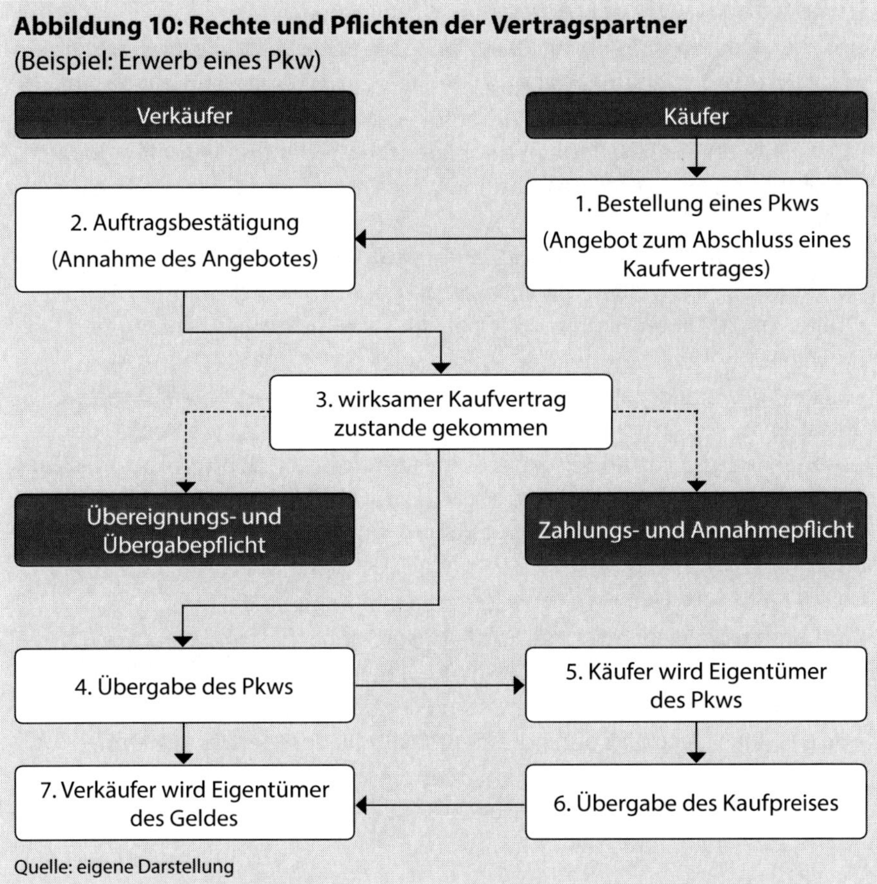

Quelle: eigene Darstellung

Inhalt des Kaufvertrages

Unter Kaufleuten ist es üblich, dass Angebote schriftlich unterbreitet werden. In einem ausführlichen Angebot sollten folgende Punkte enthalten sein:

- Datum des Angebotes: (z. B.: Angebot vom 24. Juni 20...),
- Art, Güte und Beschaffenheit der Ware (z. B.: Bodenfliesen für Innen- und Außenbereich, 1. Wahl, frostbeständig, Abriebgruppe 4, Format: 31 x 31 cm),
- Menge (z. B.: 130 qm),
- Preis (z. B.: pro qm: 12,25 € plus 19 % MwSt.),
- Zahlungsbedingungen: Zahlungsbedingungen können sein: bar; innerhalb von 30 Tagen; Skonto = Preisnachlass bei sofortiger Zahlung (z. B.: zahlbar bis 4. Juli 20... mit 2 % Skonto oder bis 24. Juli 20... ohne Abzug),
- Lieferbedingungen: Hier kann vereinbart werden, wer die Beförderungskosten ab Versandort trägt (z. B. unfrei: der Käufer trägt die Kosten der Abnahme und Versendung; frei: der Verkäufer zahlt den Transport bis zum Bahnhof am Bestimmungsort; ab Werk: der Verkäufer trägt alle Beförderungskosten ab Werk; frei Haus: der Verkäufer trägt alle Beförderungskosten bis zum Käufer)
- Lieferzeit: (z. B. sofort, binnen 30 Tagen; am ...; bis spätestens ...),
- Erfüllungsort/Gerichtsstand: Erfüllungsort ist nach dem Gesetz dort, wo die beiden Parteien, Verkäufer und Käufer, ihren Geschäfts- oder Wohnsitz haben. Der gesetzliche Gerichtsstand liegt am Ort des Beklagten.
- Allgemeine Geschäftsbedingungen (AGB): Die meisten Unternehmen legen den Verträgen ihre Allgemeinen Geschäftsbedingungen (das sogenannte „Kleingedruckte“) zugrunde.

Kaufvertragsstörungen

Nach Abschluss eines Kaufvertrages können verschiedene Störungen auftreten: Ein Vertrag kann zu spät, gar nicht oder schlecht erfüllt werden. Man spricht in diesen Fällen von Leistungsstörungen oder Kaufvertragsstörungen. Dabei können sowohl der Verkäufer als auch der Käufer an der gestörten Erfüllung eines Kaufvertrages beteiligt sein. Eine Übersicht macht dies deutlich:

Übersicht 11: Kaufvertragsstörungen

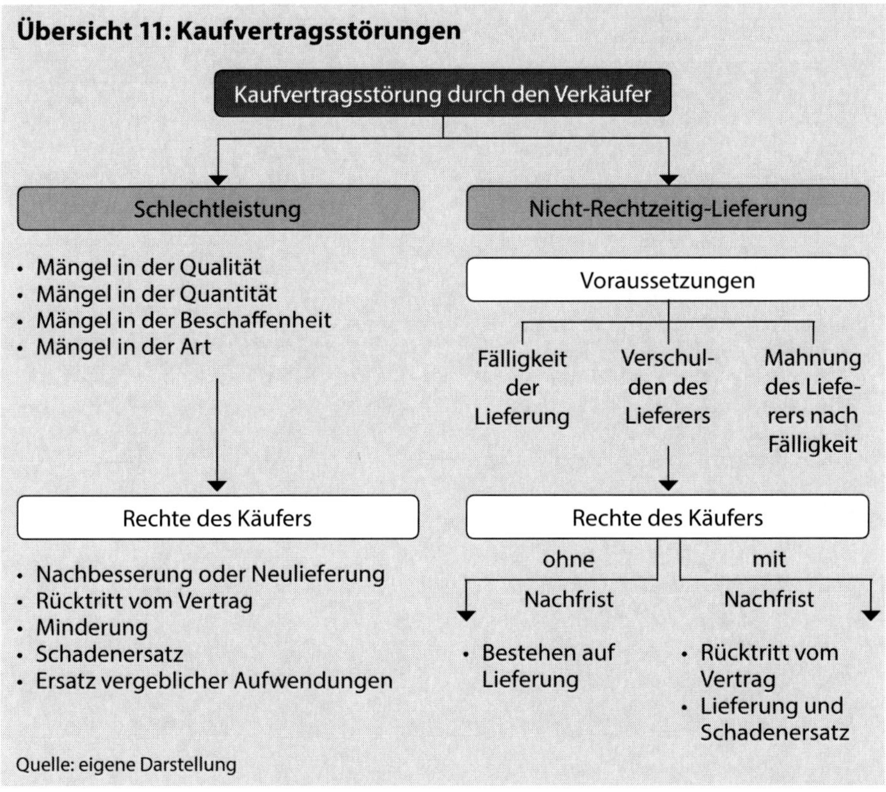

Quelle: eigene Darstellung

Übersicht 12: Kaufvertragsstörungen durch den Käufer

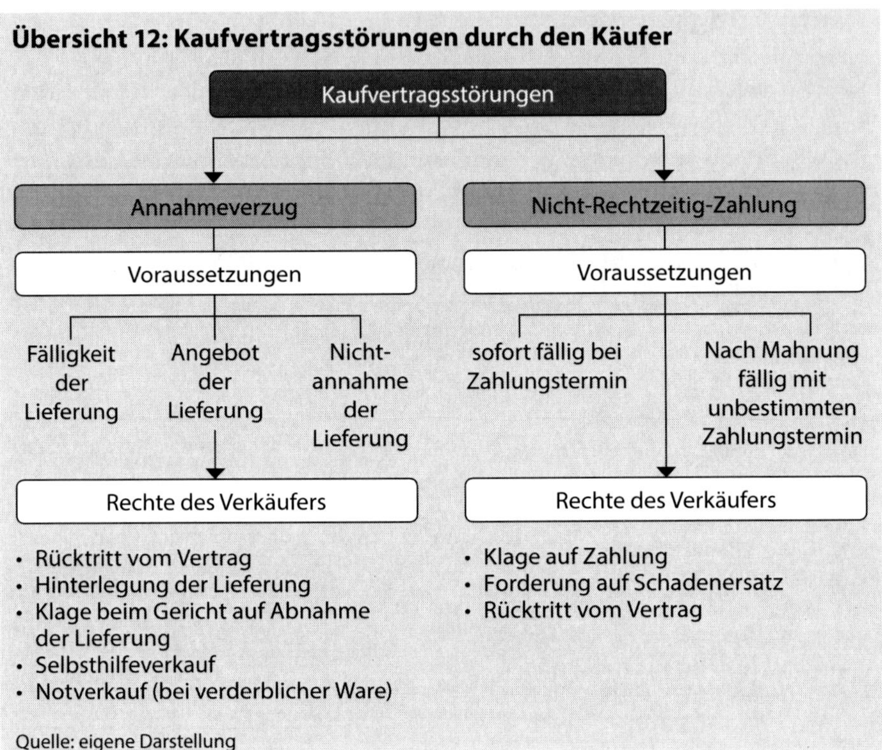

Quelle: eigene Darstellung

2.3 Verjährungsfristen

Will sich ein Käufer über einen Mangel bei einer Sache beschweren, muss er die Gewährleistungsansprüche beachten, die innerhalb einer bestimmten Frist geltend gemacht werden müssen.

Das BGB bestimmt, dass Gewährleistungsansprüche nach bestimmter Zeit verjähren. Der Schuldner muss dann nicht mehr leisten.

Bei der **Hemmung** wird der Lauf der Verjährung für eine bestimmte Zeit angehalten. Gründe für eine Hemmung können sein:
- der Gläubiger stundet die Forderung, das heißt, er gewährt Zahlungsaufschub
- Zustellung einer Klageschrift
- Antrag auf Erlass eines Mahnbescheids

Der **Neubeginn einer Verjährung** bewirkt, dass der Lauf der Verjährung wieder von vorne beginnt. Ein Neubeginn wird auch ausgelöst durch die Einleitung einer Zwangsvollstreckungsmaßnahme.

2.4 Verbraucherschutz

In einer Marktwirtschaft kommt dem Verbraucher eine wichtige Rolle zu, denn Ziel dieser Wirtschaftsordnung ist, den Konsumenten mit Waren und Dienstleistungen zu versorgen. Im freien Markt der EU stehen die unterschiedlichen Anbieter mit Waren und Dienstleistungen in Konkurrenz.
Für den Verbraucher ergeben sich daraus Probleme:
- Er steht einer kaum überschaubaren Vielfalt von Angeboten gegenüber.
- Er hat nicht die erforderlichen Fachkennnisse.
- Ihm fehlen die Möglichkeiten der Produktkontrolle, weil er die Inhaltsstoffe nicht überprüfen kann.
- Er hat nicht die juristischen Kenntnisse, um z. B. die Allgemeinen Geschäftsbedingungen (AGB) überprüfen zu können.

Hier greifen die Orientierungshilfen des Verbraucherschutzes. Man unterscheidet dabei staatliche Institutionen und vom Staat geförderte Einrichtungen:

Abbildung 11: Verbraucherschutz

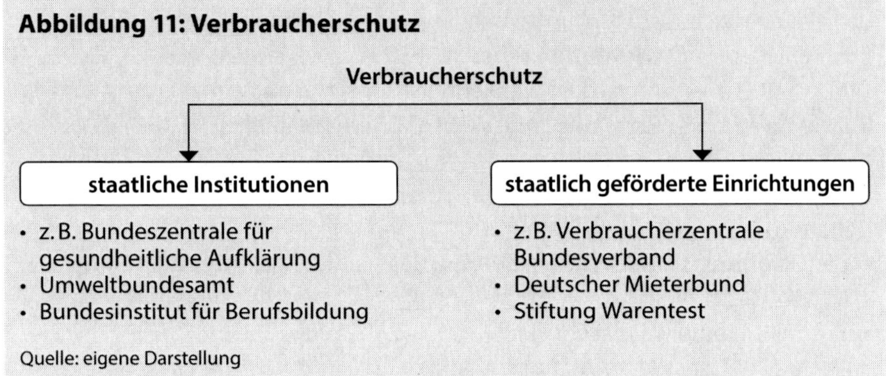

Quelle: eigene Darstellung

In Deutschland werden die Anbieter durch zahlreiche Gesetze und Verordnungen im Wettbewerb um den Verbraucher eingeschränkt. Dazu gehören:

Das Gesetz gegen unlauteren Wettbewerb (UWG)

Hauptzweck dieses Gesetzes ist es, Täuschungen im geschäftlichen Verkehr zu verhindern. Es dient gleichzeitig dazu, den Verbraucher vor unseriösen Geschäftspraktiken und Werbemethoden zu schützen.

Das Gesetz gegen Wettbewerbsbeschränkungen (GWB bzw. Kartellgesetz)

Unter anderem untersagt das GWB den Unternehmern, Absprachen untereinander zu treffen, die zulasten des Verbrauchers gehen.

Verbraucherschutz innerhalb des Bürgerlichen Gesetzbuchs (BGB)

Z. B: Rechtsrahmen der Allgemeinen Geschäftsbedingungen (AGB), Regelungen von „außerhalb von Geschäftsräumen geschlossenen Verträgen“ (sog. Haustürgeschäfte), Verbraucherkreditgesetz (Widerrufsrecht innerhalb von 14 Tagen), Verbot von Telefonwerbung gegenüber privaten Kunden

2.5 *Privatinsolvenz (Verbraucherinsolvenz)*

Kann eine Privatperson oder ein Kleingewerbetreibender seiner Zahlungsverpflichtung nicht mehr nachkommen, ist er insolvent (zahlungsunfähig). Der Schuldner kann allerdings schuldenfrei werden, wenn 35 % der Schulden und innerhalb von drei Jahren die gesamten Verfahrenskosten gezahlt werden. Während des Verfahrens treten für den Schuldner bestimmte Sonderregelungen in Kraft:

- keine eidesstattliche Versicherung
- keine Pfändung von Konten bzw. des Gehalts
- keine Vollstreckung von Gläubiger-Forderungen

Ablauf einer Privatinsolvenz

Der Ablauf erfolgt in mehreren Stufen, die aber nicht alle beschritten werden müssen.

Abbildung 12: Ablauf einer Privatinsolvenz

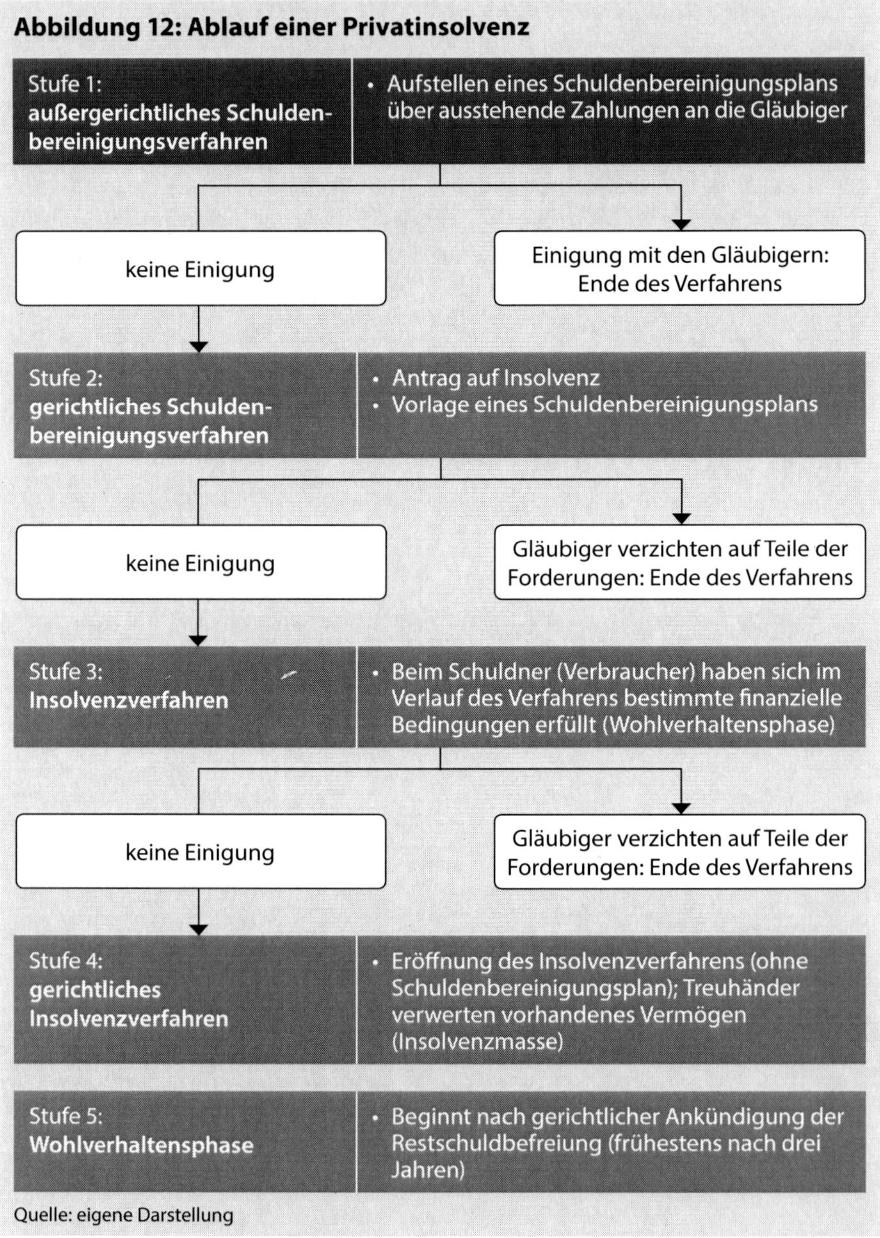

Quelle: eigene Darstellung

2.6 Einkommen und Ausgaben privater Haushalte

Als „privater Haushalt" gelten Personen, die zusammenwohnen und gemeinsam wirtschaften, die ihren Lebensunterhalt gemeinsam finanzieren beziehungsweise die Ausgaben für den Haushalt teilen. Ein privater Haushalt kann somit eine Familie mit Kindern, ein zusammenlebendes Paar, aber auch eine Einzelperson sein.

Das Einkommen der Haushalte kann aus verschieden Quellen kommen:

Abbildung 13: Quellen von Einkommen

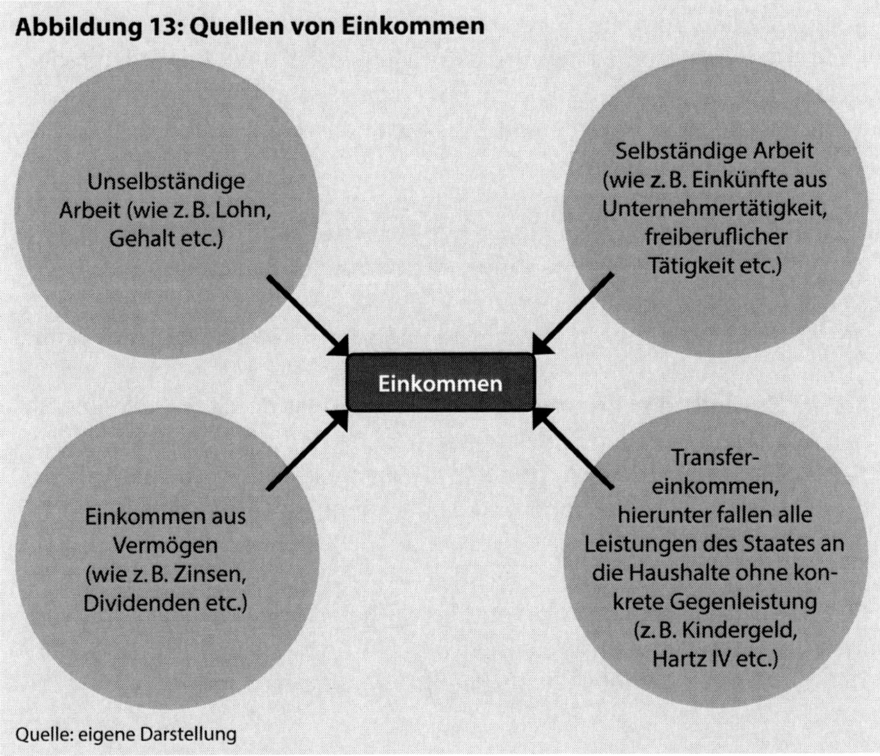

Quelle: eigene Darstellung

Bruttoeinkommen ergibt sich aus den gesamten erzielten Einkünften eines Haushaltes.

Nettoeinkommen ist die Summe aller Einkünfte nach Abzug von Steuern und Sozialversicherungsbeiträgen (vgl. dazu Kap. 2.7, S. 50 ff.)

Die Ausgaben der Haushalte sind naturgemäß sehr unterschiedlich und abhängig von vielen Faktoren: Größe des Haushaltes, Höhe des Nettoeinkommens, Lebensstandard etc. Generell lässt sich aber feststellen, dass die Ausgaben sich hauptsächlich in folgenden Bereichen bewegen:

- Konsumausgaben (z. B. Nahrungsmittel, Bekleidung etc.)
- Sparen (z. B. Aktienfonds, Sparbücher etc.)
- Wohnen und Energie (z. B. Miete, Strom, Heizung etc.)
- Verkehr (z. B. Busfahrkarte, Unterhalt Auto etc.)
- Freizeit (z. B. Urlaub, Hobby etc.)

Aufgrund der unterschiedlichen Höhe des Einkommens ergibt sich das Problem der ungleichen Einkommensverteilung. Hier muss der Staat Regeln finden um eine gewisse „Angleichung" zu gewährleisten. In diesem Zusammenhang spricht man von Primärer Einkommensverteilung und von Sekundärer Einkommensverteilung.

Primäre Einkommensverteilung ergibt sich direkt aus dem Produktionsprozess. Sie spiegelt die Entlohnung der Produktionsfaktoren Arbeit und Kapital wider. Betracht werden in der Regel Bruttoeinkommen aus unselbstständiger Arbeit, aus selbständiger Tätigkeit und aus Vermögen.

Bei der Sekundären Einkommensverteilung verteilt der Staat Teile der Einnahmen aus Steuern und Sozialabgaben als Transferleistungen nach sozialen Gesichtspunkten als Geldleistung (z. B. Wohngeld) oder als reale Leistung (z. B. in Form von Studien- oder verbilligten Kindergartenplätzen).

Quelle: https://www.wirtschaftundschule.de/wirtschaftslexikon/e/einkommensverteilung/ vom 13.6.2021

In diesem Zusammenhang wird oft über die gerechte Verteilung des Einkommens und damit über Armut und Reichtum in unserer Gesellschaft diskutiert. Hier muss man zuerst einmal den Begriff „Armut" definieren.

Im Wesentlichen unterscheidet man drei Arten der Armut:

Absolute Armut
Absolute oder extreme Armut bezeichnet nach Auskunft der Weltbank eine Armut, die durch ein Einkommen von 1,25 US$ pro Tag gekennzeichnet ist. Auf der Welt gibt es ca. 1,2 Milliarden Menschen, die in diese Kategorie fallen.

Relative Armut
Von relativer Armut spricht man in Wohlstandsgesellschaften, in denen es absolute Armut praktisch kaum gibt, wohl aber eine arme „Unterschicht" (auch Präkariat genannt). Als relativ arm gilt hier derjenige, dessen Einkommen weniger als die Hälfte des Durchschnittseinkommens beträgt.

Gefühlte Armut
Gefühlte oder auch sozio-kulturelle Armut lässt sich weniger an konkreten Einkommensgrenzen festmachen. Es ist mehr das Bewusstsein, das diese Art der Armut konstituiert. Sie betrifft diejenigen, die sich aufgrund ihrer allgemeinen gesellschaftlichen Ausgrenzung oder Diskriminierung als „arm" betrachten oder Angst vor einer sich verschlechternden wirtschaftlichen Lage haben bzw. in ständiger Angst vor Armut leben.

Aspekte der Armut

Armut ist fast nie monokausal, sondern multikausal, mehrdimensional und vielschichtig. Dabei ist zu berücksichtigen, dass sich viele dieser Aspekte gegenseitig bedingen und verstärken, so dass man nicht immer genau zwischen Ursachen und Folgen unterscheiden kann.

Weil Armut oft ein Bündel von Symptomen, Ursachen und Folgen darstellt, die ineinandergreifen und abhängig voneinander sind, spricht man auch vom Teufelskreis der Armut.

Armut wird in den entwickelten Gesellschaften relativ definiert. Die Bundesregierung folgt in ihrem Armutsbericht der Definition von Armut durch den Rat der Europäischen Gemeinschaft von 1984, „nach der Personen, Familien und Gruppen als arm gelten, die über so geringe (materielle, kulturelle und soziale) Mittel verfügen, dass sie von der Lebensweise ausgeschlossen sind, die in dem Mitgliedsstaat, in dem sie leben, als Minimum annehmbar ist". Armut wird daher in den Berichten unter den Gesichtspunkten relativer Einkommensarmut, kritischer familiärer Lebensereignisse, dem Leben in sozialen Brennpunkten in Großstädten, Obdachlosigkeit und der Überschuldung betrachtet, während Reichtum mit der Einkommens- und Vermögensverteilung in der Bevölkerung beschrieben wird.

Armut wird entweder als absolute oder als relative Armut berechnet. Die Berechnung der absoluten Armut wird in erster Linie von internationalen Organisationen im Hinblick auf die globale Armut vorgenommen. Die Berechnung der relativen Armut wird meist von Regierungen zur Feststellung der nationalen Armut vorgenommen. Die Festlegung nationaler Armutsgrenzen wird jedoch von den verschiedenen Regierungen ganz unterschiedlich gehandhabt. Eine einheitliche Regelung gibt es nicht.

In Europa und in Deutschland werden die nationalen Armutsgrenzen durch einen Prozentsatz des Medianeinkommens errechnet. 60 % des nationalen Medianeinkommens gilt als die Armutsrisikogrenze. 50 % des nationalen Medianeinkommens gilt als die Armutsgrenze. Liegt das Medianeinkommen bei 1500 € im Monat, so liegt die Armutsrisikogrenze bei 900 € und die Armutsgrenze bei 750 €.

Das **Medianeinkommen** (auch mittleres Einkommen) ist das Einkommen, bei dem es genauso viele Menschen mit einem höheren wie mit einem niedrigeren Einkommen gibt. Würde man die Bevölkerung nach der Höhe ihres Einkommens sortieren und dann zwei gleich große Gruppen bilden, würde die Person, die genau in der Mitte dieser Verteilung steht das Medianeinkommen beziehen. Das Medianeinkommen – das ausdrücklich nicht identisch ist mit dem Durchschnittseinkommen – wird in den Sozial- und Wirtschaftswissenschaften benutzt, um beispielsweise Armutsberechnungen anzustellen. Es ist robuster gegenüber Ausreißern einer Stichprobe und wird daher oftmals dem arithmetischen Mittelwert (Durchschnitt) vorgezogen.

Quelle: https://www.diw.de/de/diw_01.c.413351.de/medianeinkommen.html vom 13.06.2021

2.7 Sozialversicherung

Das System unserer sozialen Sicherung geht auf die unter Reichskanzler Bismarck verkündete Sozialgesetzgebung am Ende des 19. Jahrhunderts zurück. Die Bedeutung der Sozialversicherungen hat sich im Laufe der Jahrzehnte im Wesentlichen nicht geändert, obwohl ihre Aufgaben vielfältiger wurden. Auch ihre Leistungen wurden verbessert.

Abbildung 14: Leistungen

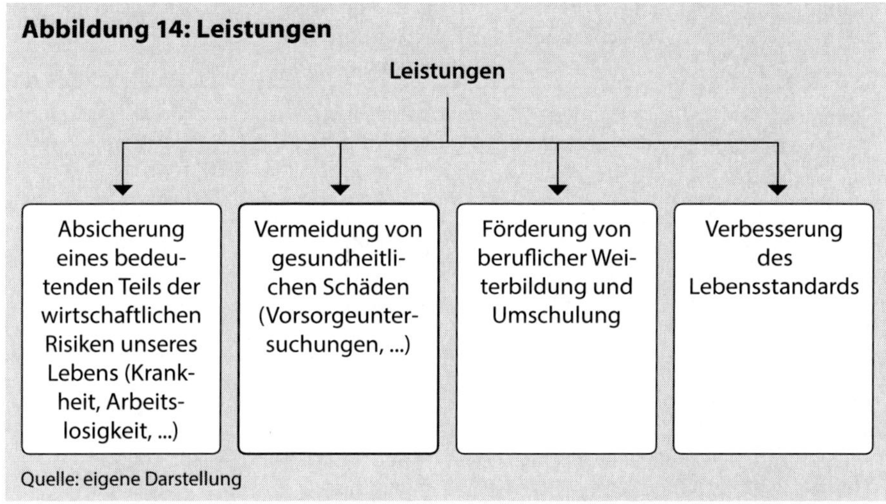

Quelle: eigene Darstellung

Jedoch kann es nicht so sein, dass der Staat alle Risiken des Lebens abdeckt. Der Bürger muss und wird stärker in seiner Eigenverantwortung gefordert sein. Hierbei geschieht die Absicherung je nach individuellen Bedürfnissen und finanziellen Möglichkeiten durch sogenannte Individualversicherungen. Grundsätzlich lässt sich das bestehende System der sozialen Sicherung in der Bundesrepublik Deutschland auf drei Gestaltungsprinzipien zurückführen: das Versicherungs-, das Versorgungs- und das Fürsorgeprinzip.

Abbildung 15: Grundprinzipien sozialer Sicherung

	Versicherungsprinzip	Versorgungsprinzip	Fürsorgeprinzip
Sicherungsvoraussetzung	Mitgliedschaft in Versicherung	Speziell eingeräumter Rechtsanspruch	Individuelle Notlage
Leistungsanspruch	Bei Eintritt Versicherungsfall	Bei Vorliegen gesetzlich bestimmter Merkmale	Bei Bedürftigkeit
Leistungshöhe	Standardisiert nach Art des Versicherungsfalles	Standardisiert nach Art des Versorgungsfalles	individualisiert nach Art und Umfang der Bedürftigkeit
Gegenleistung	Ja, Versicherungsbeiträge	Ja, nichtfinanzielle Sonderopfer (-leistungen) für Gemeinschaft	nein
Bedürftigkeitsprüfung	nein	nein	ja
Gliederung wichtiger Sicherungszweige nach dem überwiegenden Grundprinzip	Sozialversicherung • gesetzliche Rentenversicherung • gesetzliche Kranken-, Pflegeversicherung • gesetzliche Unfallversicherung • Arbeitslosenversicherung (Arbeitslosengeld)	• Kriegsopferversorgung • Soziale Entschädigung bei Impfschäden • Beamtenversorgung • Kindergeld (ohne Einkommensgrenzen)	• Sozialhilfe • Jugendhilfe • Resozialisierung • Wohngeld • Kindergeld (bei Einkommensgrenzen)*

* nur mit Einschränkungen klassifizierbar

Quelle: Informationen zur politischen Bildung, „Der Sozialstaat“, Nr. 215, 1987

Da immer noch viele Menschen sich freiwillig nicht gegen die häufigsten Risiken des Lebens wie Krankheit, Unfall, Arbeitslosigkeit, Pflegebedürftigkeit oder Alter absichern würden, verpflichtet der Staat bestimmte Bevölkerungsgruppen (z. B. Arbeitnehmer) zur Mitgliedschaft in der Solidargemeinschaft der Sozialversicherungen. Mitgliedschaft, Beitragszahlungen und Leistungen sind weitgehend gesetzlich geregelt. Die Beiträge werden in Prozent des Bruttoeinkommens erhoben, gleichgültig ob der Versicherte Arbeiter, Angestellter oder Auszubildender, ob er verheiratet oder ledig ist. So erfolgt ein Ausgleich zwischen sozial stärkeren und sozial schwächeren Mitgliedern.

Für die gesetzlichen Sozialversicherungen gelten in der Regel folgende Grundprinzipien:

- **Versicherungspflicht**: Sie sind für die meisten Menschen (Ausnahmen sind gesetzlich geregelt) in Deutschland verpflichtend.
- **Beitragsfinanzierung**: Sie werden überwiegend durch die Beiträge von Arbeitnehmern und Arbeitgebern finanziert. Die Beiträge errechnen sich prozentual (wird jährlich neu festgelegt) vom Bruttoeinkommen des Arbeitnehmers bis zur Beitragsbemessungsgrenze (siehe dort).
- **Solidarität**: Das bedeutet, dass alle zu versichernden Risiken von allen Versicherten gemeinsam getragen werden (Motto: Einer für alle, alle für einen). Einen Anspruch auf Rückerstattung von Beiträgen bei Nichteintreten des Versicherungsfalles gibt es nicht und im Versicherungsfall sind die Leistungen standardisiert, d.h. für alle gleich, unabhängig von der Höhe der Beiträge.
- **Subsidiarität**: Das bedeutet, dass der Staat erst ab einem bestimmten Leistungsanspruch „hilft", wenn der einzelne Versicherte dies nicht mehr leisten kann (z. B. „einfache" Medikamente müssen selbst bezahlt werden bzw. Zuzahlungen geleistet werden).
- **Selbstverwaltung**: Der Staat delegiert die Aufgaben und die Verantwortung an die Träger der einzelnen Versicherungszweige. In den Entscheidungsgremien/ Parlamenten der Sozialversicherungen sind gewählte Vertreter der Versicherten tätig und entscheiden über den Haushalt, über die Gestaltung neuer Leistungen, berufen den Vorstand und entscheiden beispielsweise auch über Fusionen. (Sozialwahlen alle 6 Jahre als reine Briefwahl und nach Bundestags- und Europawahlen die dritt größte Wahl).
- **Äquivalenz**: Dies gilt nur für den Zweig der Rentenversicherung und bedeutet, dass die Leistungen in Bezug zu den geleisteten Beiträgen stehen und somit individuell stark variieren können.
- **Beitragsbemessungsgrenze**: Eine jährlich festzulegende Höchstgrenze des Bruttoverdienstes bedeutet, dass ab Erreichen dieser Grenze die Beiträge nicht mehr steigen.

Abbildung 16: Überblick über die gesetzlichen Sozialversicherungen

Versicherungszweig	Träger	Aufgaben und Leistungen
Gesetzliche Krankenversicherung	Gesetzliche Krankenkassen (unter anderem Ortskrankenkassen, Betriebskrankenkassen, Innungskrankenkassen, Ersatzkassen)	• kümmert sich um die Erhaltung, Wiederherstellung oder Verbesserung der Gesundheit der Versicherten • übernimmt in der Regel die Leistungen für die medizinisch notwendige Hilfe im Falle einer Krankheit, mit Ausnahme von Arbeitsunfällen • zahlt Krankengeld, wenn der Arbeitgeber das Gehalt während der Arbeitsunfähigkeit nicht weiterbezahlt
Gesetzliche Unfallversicherung	Gewerbliche und landwirtschaftliche Berufsgenossenschaften; Unfallversicherungsträger der öffentlichen Hand (Gemeindeunfallversicherungsverbände und Unfallkassen)	• kümmert sich um die Verhütung von Arbeitsunfällen, Berufskrankheiten sowie arbeitsbedingten Gesundheitsgefahren • zielt darauf ab, bei Arbeitsunfällen oder Berufskrankheiten die Gesundheit und die Leistungsfähigkeit wiederherzustellen • entschädigt die Versicherten oder Ihre Hinterbliebenen durch Geldleistungen
Gesetzliche Rentenversicherung	Bundesweite Träger (Deutsche Rentenversicherung Bund, Deutsche Rentenversicherung Knappschaft-Bahn-See); Regionalträger („Deutsche Rentenversicherung" und Name der Region, zum Beispiel „Bayern Süd")	• zahlt Altersrenten • sichert die Versicherten vor den finanziellen Folgen der verminderten Erwerbsfähigkeit und des Todes des Ehepartners oder der Eltern ab • sorgt mit Rehabilitationsmaßnahmen dafür, die Erwerbsfähigkeit kranker und behinderter Menschen positiv zu beeinflussen und, wenn möglich, wiederherzustellen
Gesetzliche Arbeitslosenversicherung	Bundesagentur für Arbeit und regionale Arbeitsagenturen	• Erbringt unter anderem Leistungen zur Integration der Menschen in Berufsbildungen und Arbeitsverhältnisse • Sicherstellung des Lebensunterhalts während der Arbeitslosigkeit
Gesetzliche Pflegeversicherung	Pflegekasse der Krankenkassen	• sichert das finanzielle Risiko der Pflegebedürftigkeit ab • will dem Pflegebedürftigen ermöglichen, ein selbstbestimmtes Leben zu führen • erbringt, je nach dem Grad der Pflegebedürftigkeit, Geldleistungen oder Sachleistungen, mit denen die Grundpflege und die hauswirtschaftliche Versorgung finanziert werden

Quelle: https://jugend-und bildung.de/fileadmin/user_upload_sozialpolitik/PDFs/schaubild-sozialversicherung-im-ueberblick.pdf

2.8 Altersvorsorge

In der Bundesrepublik Deutschland ruht die Altersversorgung der Bevölkerung auf drei Säulen: die gesetzliche Altersvorsorge, die betriebliche Altersvorsorge und die, vor allem im Hinblick auf den Begriff der „Altersarmut" immer wichtiger werdende private Altersvorsorge.

Abbildung 17: Drei Säulen der Altersvorsorge

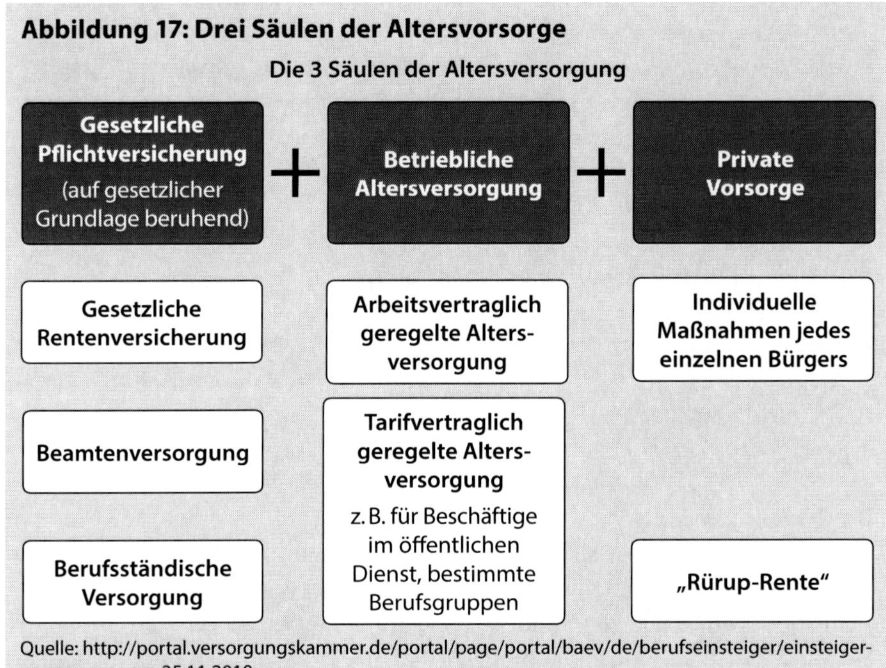

Quelle: http://portal.versorgungskammer.de/portal/page/portal/baev/de/berufseinsteiger/einsteiger-versorgung vom 25.11.2018

Gesetzliche Rentenversicherung

Bedingt durch den demographischen Wandel (z. B. weiter steigende Lebenserwartung, niedrige Geburtenzahlen bzw. lange Schul- und Ausbildungszeiten) wird das gesetzliche Rentensystem (vgl. S. 51f.) in Zukunft nur noch eine „Basisversorgung" leisten können, d. h. dass jeder einzelne Bürger eigenverantwortlich für seine Altersversorgung Sorge tragen muss, will er nicht, dass ihm im Alter die „Altersarmut" droht. Hierzu dient die „zweite und dritte Säule" der Altersvorsorge.

Betriebliche Altersvorsorge

Ca. 60 % der Arbeitnehmer haben in Deutschland eine betriebliche Altersversorgung. Bei der betrieblichen Altersversorgung sagt der Arbeitgeber seinen Arbeitnehmern Leistungen zur Altersversorgung, Hinterbliebenenversorgung oder Invaliditätsversorgung zu. Die Beiträge können vom Arbeitgeber, vom Arbeitnehmer durch Entgeltumwandlung (d.h. Arbeitnehmer zahlt Teile seines Lohns/Gehaltes in die betriebliche Altersvorsorge ein) oder von beiden gemeinsam finanziert werden. Die Beiträge werden bis zu einem bestimmten Betrag steuerfrei in das Versorgungsmodell eingezahlt. Erst bei der Auszahlung im Rentenalter sind die Leistungen dann zu einem meist geringeren Steuersatz zu versteuern.

Die Beiträge in die betriebliche Altersversorgung, die vom Arbeitgeber oder vom Arbeitnehmer eingezahlt werden, sind sozialversicherungsfrei.
Mögliche „betriebliche Versicherungen" sind:

- Direktversicherung
- Pensionskasse
- Pensionsfonds
- Unterstützungskasse
- Pensionszusage

Direktversicherung

In der Regel handelt es sich bei der Direktversicherung um eine klassische oder fondsgebundene Lebens- oder Rentenversicherung. Diese schließt der Arbeitgeber für seine Mitarbeiter häufig günstiger ab, da er i.d.R. mehrere Verträge abschließt und somit mögliche Rabatte bzw. günstigere Konditionen vom Versicherungsunternehmen bekommt.

Pensionskasse

Eine Pensionskasse ist eine rechtlich selbstständige Altersversorgungseinrichtung. Die Betriebe zahlen Beiträge an die Pensionskasse, aus denen die Leistungen für die Arbeitnehmer finanziert werden. Pensionskassen gewähren auf ihre Leistungen einen Rechtsanspruch.

Pensionsfonds

Ein Pensionsfonds ist eine vom Betrieb unabhängige und selbstständige Versorgungseinrichtung, die Altersvorsorgeleistungen erbringt und der staatlichen Versicherungsaufsicht unterliegt.

Unterstützungskasse

Bei dieser Möglichkeit der betrieblichen Altersvorsorge verpflichtet sich der Betrieb, seinen Arbeitnehmern Versorgungsleistungen in einer bestimmten Höhe zu gewähren. Die Rücklagen für die späteren Versorgungsleistungen werden aber nicht im Unternehmen, sondern im Rahmen einer Unterstützungskasse aus dem Unternehmen auslagert. Diese wird als rechtlich selbstständige Einrichtung geführt, die von einem oder mehreren Arbeitgebern getragen wird und ihre Leistungen über den Abschluss von Lebens- oder Rentenversicherungen bei einer Versicherungsgesellschaft absichert.

Pensionszusage

Die Pensionszusage ist ein verbindliches Versorgungsversprechen des Betriebes an seine Mitarbeiter. Bei Erreichen des Rentenalters bzw. im Falle der Invalidität oder bei Tod des Arbeitnehmers verpflichtet sich der Arbeitgeber die zugesagten Versorgungsleistungen zu erbringen. Das Unternehmen bildet hierfür Pensionsrückstellungen, deren Zuführungen den steuerpflichtigen Gewinn reduzieren.

Welche der Möglichkeiten für die betriebliche Altersversorgung im Wege der Entgeltumwandlung in einem Betrieb genutzt wird, legen Arbeitgeber und Arbeitnehmer entweder einzelvertraglich oder durch eine Betriebsvereinbarung fest. Wenn der Arbeitgeber eine Direktversicherung, Pensionskasse oder einen Pensionsfonds anbietet, ist der Arbeitnehmer daran allerdings gebunden. Bietet der Arbeitgeber keinen dieser Möglichkeiten an, hat der Arbeitnehmer auf jeden Fall Anspruch auf „Entgeltumwandlung" über eine Direktversicherung. Bei welchem Versicherungsunternehmen diese Direktversicherung abgeschlossen wird, kann der Arbeitgeber bestimmen.

Private Altersvorsorge

Als private Altersvorsorge wird das Anlegen von Kapital zum Zweck der Vorsorge für eine ausreichende Rente bezeichnet. Die Möglichkeiten der privaten Kapitalanlage zur Sicherung des Lebensstandards im Alter sind vielfältig und reichen von privaten Rentenversicherungen, Kapitallebensversicherungen, Banksparpläne und Rentenpapiere bis zu Investitionen in Aktien und Immobilien. Welche Variante der privaten Vorsorge im Einzelnen die richtige ist, hängt immer von der persönlichen Lebenssituation (Wieviel Geld bin ich bereit zu investieren?) und den individuellen Lebenszielen ab. Unter bestimmten Bedingungen fördert der Staat die private zusätzliche Altersvorsorge: mit finanziellen Zuschüssen (Riester-Rente) und mit Extra-Steuerersparnissen (zusätzlicher Sonderausgabenabzug).

Abbildung 18: Der Weg zur Riesterrente.

Fragen zur zusätzlichen privaten Altersvorsorge mit staatlicher Förderung

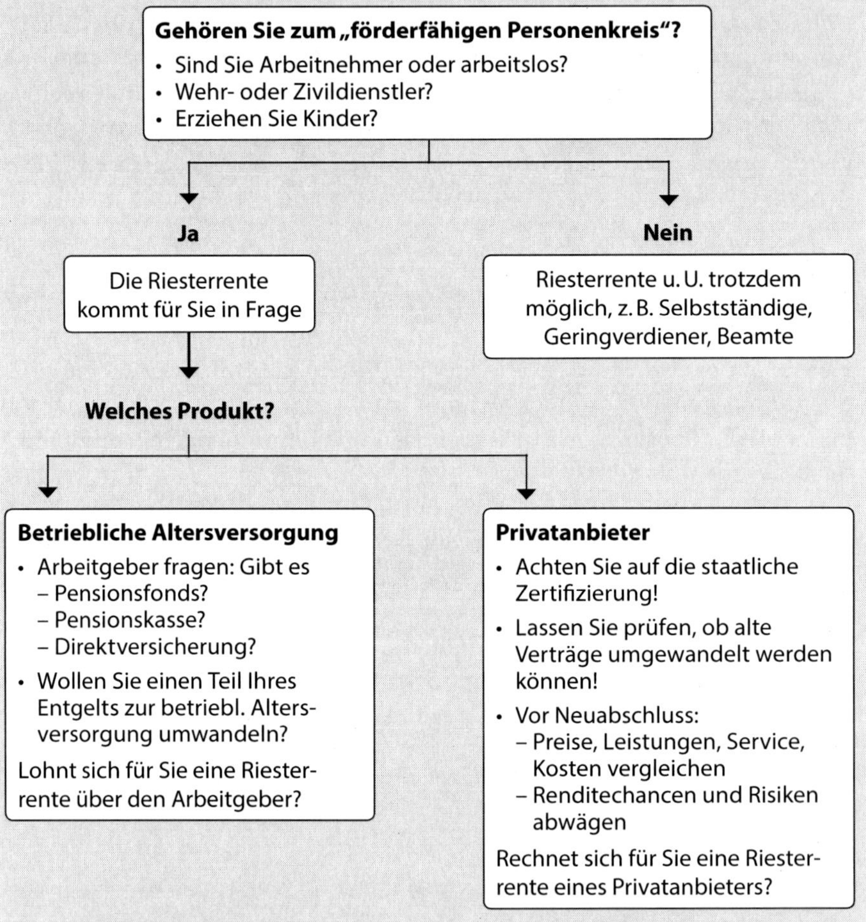

Gehören Sie zum „förderfähigen Personenkreis"?
- Sind Sie Arbeitnehmer oder arbeitslos?
- Wehr- oder Zivildienstler?
- Erziehen Sie Kinder?

Ja

Die Riesterrente kommt für Sie in Frage

Nein

Riesterrente u. U. trotzdem möglich, z. B. Selbstständige, Geringverdiener, Beamte

Welches Produkt?

Betriebliche Altersversorgung
- Arbeitgeber fragen: Gibt es
  - Pensionsfonds?
  - Pensionskasse?
  - Direktversicherung?
- Wollen Sie einen Teil Ihres Entgelts zur betriebl. Altersversorgung umwandeln?

Lohnt sich für Sie eine Riesterrente über den Arbeitgeber?

Privatanbieter
- Achten Sie auf die staatliche Zertifizierung!
- Lassen Sie prüfen, ob alte Verträge umgewandelt werden können!
- Vor Neuabschluss:
  - Preise, Leistungen, Service, Kosten vergleichen
  - Renditechancen und Risiken abwägen

Rechnet sich für Sie eine Riesterrente eines Privatanbieters?

Quelle: eigene Darstellung

FRAGEN

Private Haushalte

Reproduktion

1. Nennen Sie die Merkmale von „Rechtsfähigkeit“ und „Geschäftsfähigkeit“.
2. Beschreiben Sie die unterschiedlichen Stufen der Geschäftsfähigkeit bei natürlichen Personen.
3. Nennen und erklären Sie kurz die unterschiedlichen Arten von Rechtsgeschäften.
4. Nennen Sie die Merkmale für nichtige Rechtsgeschäfte.
5. Nennen Sie die wesentlichen Inhalte eines Kaufvertrages.
6. Beschreiben Sie die unterschiedlichen Kaufvertragsstörungen.
7. Erklären Sie, was man unter Verjährung versteht.
8. Nennen Sie staatliche Institutionen und staatlich geförderte Einrichtungen der Verbraucherberatung.
9. Arbeiten Sie heraus, welchem Zweck das „Gesetz gegen unlauteren Wettbewerb“ dient.
10. Beschreiben Sie, was man unter Privatinsolvenz versteht
11. Nennen Sie die Träger der gesetzlichen Sozialversicherungen.
12. Nennen Sie die unterschiedlichen gesetzlichen Sozialversicherungen.

Reorganisation und Transfer

1. Erstellen Sie in einer Grafik den Ablauf eines Kaufvertrages.
2. Stellen Sie die Rechte dar, die ein Käufer hat bei
   a) Schlechtleistung,
   b) Nicht-Rechtzeitig-Lieferung.
3. Stellen Sie die Rechte dar, die ein Verkäufer hat bei
   a) Annahmeverzug,
   b) Nicht-Rechtzeitig-Zahlung.
4. Erklären Sie die Bedeutung, die eine Unterbrechung bzw. eine Hemmung der Verjährung hat.

5. Erstellen Sie Kontaktdaten zu staatlichen und staatlich geförderten Verbraucherberatungsstellen. Erläutern Sie, mit welchen konkreten Themenbereichen sich diese Stellen auseinandersetzen?
6. Analysieren Sie den wesentlichen Unterschied zwischen einer Privat- und einer Unternehmensinsolvenz?
7. Erläutern Sie die Grundprinzipien der sozialen Sicherung in der Bundesrepublik Deutschland.
8. Erläutern Sie drei Grundprinzipien der gesetzlichen Sozialversicherung.
9. Vergleichen Sie die drei Säulen der Altersversorgung.

Reflexion und Problemlösung

1. Beurteilen Sie Rechtsgeschäfte, bei denen die Form des mündlichen Kaufvertragsabschlusses üblich ist.
2. Erörtern Sie, wie Sie sich bei einem Kauf im Internet absichern.
3. Beurteilen Sie hinsichtlich ihrer Sicherheit die unterschiedlichen Zahlungsformen beim Kauf im Internet.
4. Bewerten Sie einen Mustermietvertrag des Verbands „Haus & Grund“ mit einem der Verbraucherberatung. In welchen Bereichen sind wesentliche Unterschiede festzustellen?
5. Beurteilen Sie die Vor- bzw. Nachteile im System der gesetzlichen Sozialversicherungen.
6. Erörtern Sie das Ihrer Meinung nach gravierendste Problem der gesetzlichen Sozialversicherung.
7. Beurteilen Sie, welche Möglichkeit der privaten Altersvorsorge für Sie in Frage kommt.

3. Das Unternehmen

3.1 Unternehmensgründung

Neben einer Geschäftsidee ist eine gute Planung nötig, um ein Unternehmen zu gründen. Der Gründer muss sich nicht nur Gedanken machen, ob für seine Idee ein Markt besteht, sondern auch, wie er u.a. die folgenden Punkte organisieren möchte:

Übersicht 13: Unternehmensgründung – Achtungspunkte

Marktanalyse	Größe des potentiellen Marktes herausfinden und Absatzvolumen abschätzen. Kontakt zu potentiellen Kunden knüpfen, um deren Erwartungen zu bedienen.
Standortwahl	Die Wahl des Standortes beeinflusst in vielfältiger Weise die Unternehmung. Zu beachten sind u. a. • Grundstückspreise • Infrastruktur und Verkehrsanbindung • Arbeitskräftepotential • Steuern • Konkurrenzsituation Bei der Standortwahl hilft eine Standortanalyse.
Rechtsform	Bei der Wahl der Rechtsform muss entschieden werden, wer Eigentümer der Unternehmung ist, wer haftet und wie sich dies auf die Kreditwürdigkeit auswirkt
Unternehmensziele	Die Unternehmensziele geben die Struktur der Unternehmung vor und bilden so deren maßgebliches Skelett.
Organisationsstruktur	Die Organisationsstruktur legt die Abläufe im Unternehmen fest und soll so Synergien erzeugen und Dopplungen vermeiden helfen.
Finanzierung	Aufbringen von ausreichend eigenen Mitteln (Eigenkapital) und zusätzlichen Fremdmitteln (Krediten), um die Unternehmung zu beginnen und am Laufen zu halten. Hier ist die Suche nach Investoren häufig entscheidend.
Konkurrenz	Gibt es ggf. schon jemand anderen mit einer ähnlichen Idee auf dem Markt oder gibt es eine Marktlücke, die sich auszufüllen lohnt?
Patente	Absicherung der eigenen Geschäftsidee vor Nachahmern
Marketingkonzept	Eine gute Idee zu haben wird selten zum Selbstläufer. Ein gut ausgefeiltes Marketingkonzept hilft dabei, sich am Markt zu etablieren.

Quelle: eigene Darstellung

Businessplan

Der Businessplan ist eine Planungshilfe, die der Gründer benutzt, um sein Unternehmen zu strukturieren. Hier werden konkret die Geschäftsidee, aber auch die Fakten zum Unternehmen selbst vorgestellt und Prognosen über das Potential der Unternehmung angestellt. Mit dem Businessplan kann er an potentielle Finanziers wie Banken herantreten und um Mittel werben.

Abbildung 19: Businessplan

Ihr Startschuss für ein erfolgreises Unternehmen

!

Sind Sie ein Unternehmertyp?
Was sind Ihre Fähigkeiten & Kompetenzen? Gründen Sie allein oder im Team?

Vor dem Businessplan:
Prüfen Sie Ihre Ideen & schaffen Sie durch ein Canvas/Grobkonzept Orientierung.

10 Punkte, die in jeden Businessplan gehören

1 **Executive Summary**
Aussagekräftige Zusammenfassung der Businessplans

2 **Idee & Zielgruppe**
Hier wird die Geschäftsidee auf den Punkt gebracht. Nicht vergessen: Zielgruppen definieren!

3 **Markt & Wettbewerb**
Martkanalyse, -größe und -wachstum, -potenzial, Wettbewerbsanalyse inkl. Konkurrenten & Markteintrittsbarrieren

4 **Ziele**
Mission/Vision, Meilensteine

5 **Strategie**
USP & Positionierung

6 **Marketung**
Produkt, Preis, Vertrieb, Werbung, Budget

7 **Recht & Steuern**
Rechtsform, Name, verschiedene Steuern

8 **Organisation**
Management, Personal, Wertschöpfungskette

9 **Finanzen**
Finanzplan, Kapitalbedarf & Finanzierung

10 **Swot-Analyse**
Stärken, Schwächen, Chancen, Gefahren

Quelle: eigene Darstellung

Unternehmerpersönlichkeit

Welche Persönlichkeit ein Gründer haben muss, lässt sich nicht generell beantworten. Aber neben der Idee für ein Produkt oder eine Dienstleistung kommen bestimmte Eigenschaften wie Organisationstalent, Begeisterungsfähigkeit, Beharrlichkeit, Risikofreude und Mut hinzu, die sich bei vielen großen und bekannten Gründerpersönlichkeiten finden. Der Ökonom Joseph Schumpeter bezeichnete Unternehmer einst als kreative Zerstörer, da sie mit ihren neuen Geschäftsideen alte Produkte und Wirtschaftszweige ablösen und durch Innovation Neues schaffen.

3.2 Unternehmensziele

Gewinnorientierte Unternehmen/ Öffentliche Unternehmen/Genossenschaften

Neben den Unternehmen der Privatwirtschaft gibt es auch öffentliche Unternehmen. Sie sollen eine Leistung erbringen, die aus der Privatwirtschaft nicht oder nur unzureichend erfolgt, sodass der Staat hier Handlungsbedarf sieht. Entsprechend ist es Ziel dieser öffentlichen Unternehmen, die angedachte Leistung zu einem adäquaten Preis für die Bürger zu erbringen. Daher folgen sie von Aufbau, Struktur und Abläufen anderen Rahmenbedingungen als am Markt orientierte und auf Gewinn ausgerichtete Unternehmen der Privatwirtschaft. Trotzdem versucht der Staat, insofern dies möglich ist, zumindest kostendeckend zu wirtschaften.

Sachziele und Formalziele

Übersicht 14: Sachziele und Formalziele

Sachziele	Formalziele (Erfolgsziele)
• Produktionsziele (Art, Menge, Qualität, Ort, Zeit) • Finanzziele (Liquidität, Kapitalstruktur) • Organisationsziele (Aufgabenteilung, Führungsstil) • Ökologische Ziele Umweltschutz, Ressourcenschonung) • Soziale Ziele (Mitbestimmung, Lohnzufriedenheit) → Konkretes Handeln in den einzelnen Funktionsbereichen	• Umsatzziele • Kostenziele • Gewinnziele • Produktivitätsziele • Wirtschaftlichkeit • Rentabilitätsziele → Messbar in Gütern oder Geld

Quelle: eigene Darstellung

Ökonomische Ziele

Das oberste ökonomische Ziel ist die Erwirtschaftung von Gewinn. Ohne Gewinn hat sich die Investition der Eigentümer in das Unternehmen nicht gelohnt. Damit einher geht ein Interesse an der Dauerhaftigkeit des Unternehmens, damit dieser Gewinn möglichst lange anhält. Öffentliche Unternehmen sollen zudem auf Dauer den ihnen zugedachten Auftrag erfüllen können.

Neben dieser Belohnungsfunktion für die Eigentümer und Investoren ist der Gewinn entscheidend, um das Unternehmen auf Dauer aufrecht erhalten zu können. Er ist die Basis für z.B. Investitionen in Forschung und Entwicklung, Ausweitung der Produktionskapazitäten oder das Erschließen neuer Märkte.

Der Gewinn hat auch drei wesentliche volkswirtschaftliche Funktionen:

- **Motivationsfunktion**: Anreiz zur Leistung
- **Signalfunktion**: Zeigt Investoren, wo sich Kapitaleinsatz lohnt
- **Lenkungsfunktion**: lenkt Produktionsfaktoren in die lohnendsten Bereiche

Soziale Ziele

Unternehmen sind auch soziale Systeme, in denen Mitarbeiter und Unternehmensführung gemeinsam existieren und es entsprechende Unternehmenskulturen und soziale Verhaltensmuster gibt. Zudem wird in Unternehmen arbeitsteilig vorgegangen, sodass das Miteinander auch direkt auf den Geschäftserfolg Auswirkungen hat. Die Verbesserung der Atmosphäre im Unternehmen ist somit ein Ziel, das sich auch direkt auf die Steigerung von Produktivität und Gewinn auswirken kann: Motivierte Mitarbeiter leisten mehr und identifizieren sich stärker mit ihrem Unternehmen. Weitere positive Effekte eines guten Betriebsklimas sind die Bindung der Arbeitnehmer an das Unternehmen und das leichtere Finden von guten neuen Mitarbeitern. Auch die Qualität in der Produktion steigt. Das alles ist allerdings mit steigenden Kosten verbunden. Ob diese Kosten mit den zu erwartenden Vorteilen ins Verhältnis zu bringen sind, ist eine Frage, die die Unternehmensführung beantworten und auch vor den Eigentümern und Investoren rechtfertigen muss.

Ökologische Ziele

Neben den ökonomischen und sozialen Zielen gewinnen zunehmend ökologische Unternehmensziele an Bedeutung. Dies ist einer verstärkt kritischen Öffentlichkeit und strengeren rechtlichen Regeln geschuldet. Dabei hat der Fokus auf ökologische Ziele nicht nur eine Funktion in der Außenwirkung des Unternehmens, vielmehr können durch das Einsparen von Energie und Ressourcen zudem häufig auch langfristig Kosten gesenkt werden, sodass sich Investitionen in diesen Bereich auch ökonomisch lohnen. Gerade an diesem Punkt versucht auch der Staat anzusetzen, indem er öffentlichen Gütern, deren Nutzung und Verschmutzung bisher kostenlos war, einen Preis gibt und sie somit den Marktgesetzen unterwirft. Ein Beispiel ist die Einführung von Zertifikaten auf den Ausstoß von CO_2.

Zielkonflikte und Zielsynergien

Ziele sollten so formuliert sein, dass sie

- motivieren
- erreichbar sind
- sich nicht widersprechen
- verständlich sind
- überprüfbar sind

Das Erreichen unterschiedlicher Unternehmensziele kann sich durchaus widersprechen. Zum Beispiel ist es schwer, erhöhte Ausgaben für den Umweltschutz mit der Gewinnsteigerung in Einklang zu bringen. Allerdings kann es durchaus auch von Vorteil für die Produktivität sein, die Arbeitsbedingungen der Mitarbeiter zu steigern, sodass sich eine Investition in diesem Bereich auch auf der Gewinnseite positiv bemerkbar machen kann.

Shareholder-Stakeholder-Problematik

Shareholder-Value beschreibt einen Ansatz zur Verfolgung der Unternehmensziele, der vor allem die Interessen der Eigentümer/Anteilseigner im Blick hat. Maßgeblich dabei ist vor allem der Gewinn und dessen Steigerung, der an diese ausgeschüttet werden kann und somit die Investition belohnt.

Demgegenüber steht der **Stakeholder-Value**-Ansatz, der das Wohl weiterer am Unternehmen interessierten Gruppierungen (Arbeitnehmer, umliegende Bewohner, Gemeinde, Lieferanten, Kunden, etc.) berücksichtigt. Hier stehen gute Arbeitsbedingungen und Umweltschutz neben dem Gewinn im Fokus.

Abbildung 20: Stakeholder- vs. Shareholder-Ansatz

	Stakeholder-Ansatz	Shareholder-Ansatz
Hintergrund	Das Unternehmen existiert, um die Ansprüche aller Interessengruppen umzusetzen	Das Unternehmen existiert, um das Vermögen seiner Eigentümer zu mehren
Erfolgsmaßstab	Maximierung der Differenz zwischen den Anreizen und Beiträgen aller Gruppen	Maximierung der zukünftigen diskontierten Zahlungen an die Eigentümer
Beurteilung	Nicht operational, da auf interpersonellen Nutzenvergleichen aufbauend; pluralistisch	operational, da auf Markt- und Ressourceneffizienz ausgerichtet; monistisch
Unternehmensziel	**Maximierung des Stakeholder Value**	**Maximierung des Shareholder Value**

Quelle: https://slideplayer.org/slide/211278/ vom 31.12.2018

3.3 Betriebliche Produktionsfaktoren

Die betrieblichen Produktionsfaktoren leiten sich unmittelbar von den volkswirtschaftlichen Produktionsfaktoren ab (vgl. dazu: Kap. Volkswirtschaftliche Produktionsfaktoren, S. 143).

In einem Betrieb wird durch die Kombination verschiedener betrieblicher Produktionsfaktoren ein Produkt oder eine Dienstleistung erstellt. Hierbei gilt das ökonomische Prinzip (vgl. dazu Kap. Ökonomisches Prinzip, S. 11): Mit möglichst wenig Faktoreinsatz ein gegebenes Ziel erreichen (Minimalprinzip) oder mit einem gegebenen Faktoreinsatz eine möglichst hohe Leistung erzielen (Maximalprinzip).

Als Produktionsfaktoren werden alle notwendigen materiellen und immateriellen Voraussetzungen bezeichnet, die für die Herstellung von Gütern und Waren verwendet werden müssen. Sie unterteilen sich in Elementarfaktoren wie Arbeit, Werkstoffe und Betriebsmittel sowie dispositive Faktoren, die die Führungsaufgaben Planung, Leitung, Organisation und Kontrolle beinhalten.

Dabei lassen sich die Produktionsfaktoren folgendermaßen gliedern:

Übersicht 15: Betriebliche Produktionsfaktoren

Elementare Faktoren			Dispositive Faktoren			
			Originär Autonome Entscheidungs-gewalt	**Derivativ** Führungsaufgabe, aber übergeordneter Weisung verpflichtet		
Werkstoffe	**Betriebsmittel**	**Ausführende Arbeit**	**Leitung**	**Organisation**	**Überwachung**	**Planung**
Bilden in Kombination das Produkt. Betriebsstoffe ermöglichen diese Produktion, gehen aber nicht in das Produkt ein	Unterstützen den Leistungsprozess	Eingesetzte Arbeitskraft zur Erstellung des Produkts	Führt das Unternehmen	Organisation von Abläufen und Prozessen	Organisations- und Erfolgskontrolle	Planung von Rohstoffbeschaffung und Personaleinsatz
• Rohstoffe (Eisen, Kupfer, ...) • Fertigprodukte (zugekaufte Teile) • Betriebsstoffe (Strom, Schmieröl, Kühlflüssigkeit, ...)	• Werkzeuge • Maschinen • Gebäude • Grundstück	• Fachkräfte, • Hilfskräfte etc.	• Vorstand, Geschäftsführer etc.	• Unternehmens-verfassung • Unternehmens-politik	• Controlling, • externe Evaluation	• Willensbildung, Zielsetzung

Quelle: eigene Darstellung

3.4 Rechtsformen

Unternehmen in einer Marktwirtschaft arbeiten nach dem Gewinnprinzip. Während es in der Planwirtschaft darum geht, dass die Unternehmen ihre von der Planungskommission vorgegebenen Ziele erfüllen, ist es das Ziel des Unternehmens in der Marktwirtschaft, möglichst viel Gewinn zu realisieren und sich gegen die Konkurrenz durchzusetzen.

- Die Wahl der Rechtsform entscheidet über verschiedenste grundlegende Fragen in einem Unternehmen:
- Woher kommt das Kapital des Unternehmens?
- Wie wird der Gewinn verteilt?
- Wer hat die Leitung inne?
- Wie wird das Unternehmen besteuert?
- Welche Pflichten zur Veröffentlichung gilt es zu beachten?

Einzelunternehmen

Sie ist mit Abstand die häufigste Rechtsform, in dem der Eigentümer alleiniger Besitzer, Geldgeber und Halter ist. Er trifft alle geschäftsrelevanten Entscheidungen, trägt dabei aber auch das volle Risiko. Ein Unternehmen wird automatisch als Einzelunternehmen gegründet, wenn keine alternative Rechtsform gewählt wurde.

Personengesellschaften

Sie sind ähnlich der Einzelunternehmung konzipiert, allerdings gibt es mehrere Eigentümer.

Kapitalgesellschaften

Sie sind üblicherweise größere Unternehmen mit einem hohen Kapitalbedarf für Produktion oder Forschung. Sie sammeln am Kapitalmarkt Geld ein, um ihre hohen Ausgaben leisten zu können. Bei Kapitalgesellschaften ist es zudem so, dass Unternehmensführung und Unternehmensbesitz nicht zwingend zusammenhängen. Häufig lassen die Eigentümer das Unternehmen von Managern leiten, die sie dafür bezahlen. Hier kann es zu Interessenskonflikten kommen, da die Eigentümer am langfristigen Erfolg des Unternehmens interessiert sind, die Manager hingegen eher an der kurzfristigen

Übersicht 16: Rechtsformen

	Einzelunternehmung	Personengesellschaften		
		Gesellschaft bürgerlichen Rechts	Offene Handelsgesellschaft	Kommanditgesellschaft
Namenszusatz	**e. K.** (eingetragener Kaufmann)	**GbR**	**OHG**	**KG**
Gründung	Einzelunternehmer	Mindestens 2 Personen schließen formfreien Gesellschaftsvertrag mit einem gemeinsamen Zweck.	Mindestens 2 Personen schließen einen formfreien Gesellschaftsvertrag miteinander.	Komplementär als Vollhafter Kommanditist(en) als Teilhafter schließen Gesellschaftsvertrag.
Mindestkapital	–	–	–	–
Eintrag ins Handelsregister	Möglich (Pflicht bei Kaufleuten)	möglich	✓	✓
Leitung	**Einzelunternehmer** führt und leitet Unternehmen selbstständig und eigenverantwortlich.	**Gesellschafter** führen und leiten Unternehmen gemeinsam.	**Gesellschafter** führen das alltägliche Geschäft einzeln, nur bei außergewöhnlichen Entscheidungen Gesellschafter gemeinsam.	**Komplementäre** führen das tägliche Geschäft. **Kommanditisten** haben Widerspruchsrecht bei außergewöhnlichen Entscheidungen.
Gewinn/Verlust	**Einzelunternehmer**	Aufteilung nach **Personen**	**Gewinn:** 4 % des Gewinns auf die Höhe der Kapitalanlage, Rest nach Personen **Verlust:** Nach Personen	**Gewinn:** 4 % des Gewinns auf die Höhe der Kapitalanlage, Rest nach Verhältnis der Anteile **Verlust:** nach Verhältnis der Anteile
Eigentum/Haftung	Vollständige Haftung des **Einzelunternehmers** mit Geschäfts- und Privatvermögen	Vollständige Haftung der **Gesellschafter** mit Geschäfts- und Privatvermögen	Vollständige Haftung der **Gesellschafter** mit Geschäfts- und Privatvermögen	**Komplementär** haftet vollständig mit Gesellschafts- und Privatvermögen **Kommanditisten** haften in Höhe ihrer Einlage
Hauptsächlich geeignet für	Handwerker, Kleingewerbe, Freie Berufe, Dienstleister, Praxen	Kleingewerbe, Freie Berufe, Praxisgemeinschaften	Gemeinsam betriebenes kaufmännisches Gewerbe	Kaufleute mit Kapitalbedarf: Gesellschafter, die persönl. Haftung scheuen, Möglichkeit, Familienmitglieder zu Beteiligen, ohne, dass diese Haften müssen
Kreditwürdigkeit	Abhängig von der persönl. Kreditwürdigkeit des Unternehmers, ggf. zusätzlicher Sicherheiten	Abhängig von der persönl. Kreditwürdigkeit der Unternehmer, ggf. zusätzlicher Sicherheiten	Abhängig von der persönl. Kreditwürdigkeit der Unternehmer, ggf. zusätzlicher Sicherheiten	Abhängig von der persönl. Kreditwürdigkeit der Unternehmer und der Höhe des Eigenkapitals der KG
Publikationspflicht	Nur bei erheblicher Unternehmensgröße	Nur bei erheblicher Unternehmensgröße		
Steuern	• Einkommenssteuer in Höhe des persönlichen Steuersatzes • Gewerbesteuer	• Gesellschafter zahlen Einkommenssteuer in Höhe des persönlichen Steuersatzes • Gewerbesteuer		

Quelle: eigene Darstellung

Kapitalgesellschaften				**Genossenschaft**
Unternehmergesellschaft „Mini-GmbH"	**Gesellschaft mit beschränkter Haftung**	**Aktiengesellschaft**	**Societas Europaea „Europ. AG"**	
UG	**GmbH**	**AG**	**SE**	**e. G.** (eingetragene Genossenschaft)
Gesellschafter schließen Gesellschaftervertrag.	Gesellschafter schließen Gesellschaftervertrag.	Beschluss einer gemeinsamen Satzung.	Umwandlung eines bestehenden Unternehmens in eine SE.	Mind. 3 Mitglieder
1 €	25.000 €	50.000 €	120.000 €	–
✓	✓	✓	✓	Eintrag ins Genossenschaftsregister
Geschäftsführung: leitet Tagesgeschäft **Aufsichtsrat** (freiwillig): überwacht Geschäftsführung **Gesellschafterversammlung:** Ernennt/entlässt Geschäftsführung und Aufsichtsrat, trifft grundlegende Entscheidungen	**Geschäftsführung:** leitet Tagesgeschäft **Aufsichtsrat** (freiwillig): überwacht Geschäftsführung **Gesellschafterversammlung:** Ernennt/entlässt Geschäftsführung und Aufsichtsrat, trifft grundlegende Entscheidungen	**Geschäftsführung:** leitet Tagesgeschäft **Aufsichtsrat:** überwacht Geschäftsführung **Hauptversammlung aller Aktionäre:** Ernennt/entlässt Geschäftsführung und Aufsichtsrat, trifft grundlegende Entscheidungen	**Geschäftsführung:** leitet Tagesgeschäft **Aufsichtsrat:** überwacht Geschäftsführung **Hauptversammlung aller Aktionäre:** Ernennt/entlässt Geschäftsführung und Aufsichtsrat, trifft grundlegende Entscheidungen	**Geschäftsführung:** leitet Tagesgeschäft **Aufsichtsrat:** überwacht Geschäftsführung **Generalversammlung aller Mitglieder:** Ernennt/entlässt Geschäftsführung und Aufsichtsrat, trifft grundlegende Entscheidungen
Gewinn: Aufteilung nach Anteilen. Zudem: 25% des Gewinns bilden Rücklage, bis Stammkapital der GmbH erreicht ist. **Verlust:** Aufzehrung des Geschäftsvermögens, dann Insolvenz	**Gewinn:** Aufteilung nach Anteilen **Verlust:** Aufzehrung des Geschäftsvermögens, dann Insolvenz	**Gewinn:** Aufteilung nach Aktien-Anteilen (Dividende) **Verlust:** Aufzehrung des Geschäftsvermögens, dann Insolvenz	**Gewinn:** Aufteilung nach Aktien-Anteilen (Dividende) **Verlust:** Aufzehrung des Geschäftsvermögens, dann Insolvenz	Je nach Anteil
UG ist juristische Person und haftet in Höhe des Geschäftsvermögens. Gesellschafter haften insofern in Höhe ihrer Anteile	**GmbH** ist juristische Person und haftet in Höhe des Geschäftsvermögens. Gesellschafter haften insofern in Höhe ihrer Anteile	**AG** ist juristische Person und haftet in Höhe des Geschäftsvermögens. Aktionäre haften insofern in Höhe ihrer Anteile	**SE** ist juristische Person und haftet in Höhe des Geschäftsvermögens. Aktionäre haften insofern in Höhe ihrer Anteile	**eG** haftet in Höhe des Genossenschaftsvermögens, Mitglieder haften nicht mit Privatvermögen, wenn dies im Gründungsvertrag ausgeschlossen wurde.
Gründer kleiner Unternehmen oder Start-Ups, die persönl. Haftung scheuen	Unternehmer, die persönl. Haftung scheuen oder das Unternehmen nicht selbst führen wollen/können	Große Unternehmen mit hohem Kapitalbedarf	Große Unternehmen, die in Europa auf verschiedenen Märkten präsent sind.	Kooperation zwischen kleinen Betrieben, z. B. in der Landwirtschaft, um gemeinsam Produkte besser vermarkten zu können oder bessere Preise für Rohstoffe zu erlangen.
gering	Je nach Höhe des Gesellschaftsvermögens	Je nach Höhe des Gesellschaftsvermögens	Je nach Höhe des Gesellschaftsvermögens	Je nach Höhe des Gesellschaftsvermögens
Jahresabschluss (Bilanz und GuV) muss veröffentlicht werden				Jahresabschluss (Bilanz und GuV) muss veröffentlicht werden
• Geschäftsführung zahlt Einkommenssteuer auf Gehalt • Aktionäre einer AG oder SE zahlen Kapitalertragssteuer auf Dividenden und auf Kursgewinne beim Verkauf • Körperschaftssteuer • Gewerbesteuer				

Gewinnmaximierung. Die Haftung der Eigentümer einer Kapitalgesellschaft beschränkt sich auf die Höhe ihrer Anteile. Die Anteile einer AG werden an der Börse gehandelt und können neben der Gewinnbeteiligung (Dividende) zudem Kursgewinne beim Verkauf erwirtschaften.

Genossenschaften

Einen Sonderstatus unter den Rechtsformen nehmen die Genossenschaften ein. Bei Ihrer Gründung geht es in aller Regel nicht primär um die Gewinnerzielung, sondern um die gegenseitige Hilfe der Mitglieder. So können Leistungen gemeinsam erbracht werden, die ein einzelnes Mitglied alleine nicht leisten könnte, wie die gemeinsame günstigere Beschaffung von Rohstoffen oder die gemeinsame Nutzung von teuren Maschinen.

Die Unterschiedlichen Anforderungen an die Rechtsform schlagen sich u.a. auch in unterschiedlichem Aufwand und unterschiedlichen Kosten nieder. Eine umfangreiche Publikationspflicht, wie bei der AG, ist für einen einfachen Handwerksbetrieb nicht zu bewältigen und daher ist diese Rechtsform für das Kleingewerbe uninteressant. Auch die Besteuerung ist zwischen Personen- und Kapitalgesellschaften unterschiedlich.

Dies alles zeigt, wie wichtig und grundlegend die Wahl der Rechtsform für ein Unternehmen ist.

Mini-GmbH

Die Unternehmergesellschaft (UG) wurde geschaffen, um die Hürden zur Gründung einer GmbH zu verringern. Es reicht ein Mindestkapital von einem Euro. Dafür müssen so lange 25 Prozent des Gewinns zurückgelegt werden, bis das Mindestkapital der GmbH von 25.000 € erreicht ist. Damit wird die UG zur GmbH. Auf diese Weise soll die Gründung von kleineren Unternehmungen und Start-Ups erleichtert werden.

Societas Europaea (SE)
Die Regeln, nach denen eine Aktiengesellschaft (AG) gegründet und geführt werden darf, sind von Land zu Land unterschiedlich. Um diese zu vereinheitlichen und vergleichbarer zu machen wurde im EU-Raum die Rechtsform der Societas Europaea geschaffen, eine Art AG mit länderübergreifend einheitlichen Rechten und Pflichten. So fällt es den Unternehmen leichter, in verschiedenen europ. Ländern aufzutreten, Zusammenschlüsse zu bilden und sich zu organisieren.

3.5 Betrieblicher Leistungsprozess

Organisationsstrukturen

Abläufe in einem Unternehmen zu organisieren und zu koordinieren ist eine der Hauptaufgaben der Unternehmensleitung. Nur durch eine geschickte und auf das Unternehmen passende Organisation können Abläufe vereinfacht und standardisiert werden sowie Doppelstrukturen vermieden werden. Eine gute Organisation hilft so die Effizienz der Abläufe im Unternehmen zu erhöhen und unnötige Kosten zu vermeiden. Eine der einfachsten Formen der Struktur ist die die funktionale Organisation entlang des Weges der Leistungserstellung.

Übersicht 17: Funktionale Organisation

		Leitung			
Beschaffung	Produktion	Absatz	Personal	Finanzierung	Marketing

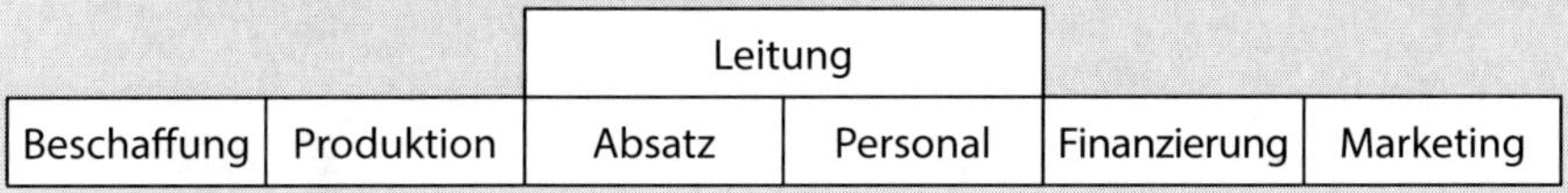

Quelle: eigene Darstellung

Je größer ein Unternehmen ist und je vielfältiger seine Produkte und Dienstleistungen, desto komplexer gestaltet sich auch dessen Organisation. Bei der **Spartenorganisation** ist das Unternehmen in einzelne Sparten gegliedert, die jeweils für sich selbst Beschaffung, Produktion, Absatz etc. regeln. Bei der **Matrixorganisation** gibt es eine Kombination der Elemente.

Spartenorganisation (Funktionale/Divisionale Organisation)

Abbildung 21: Spartenorganisation

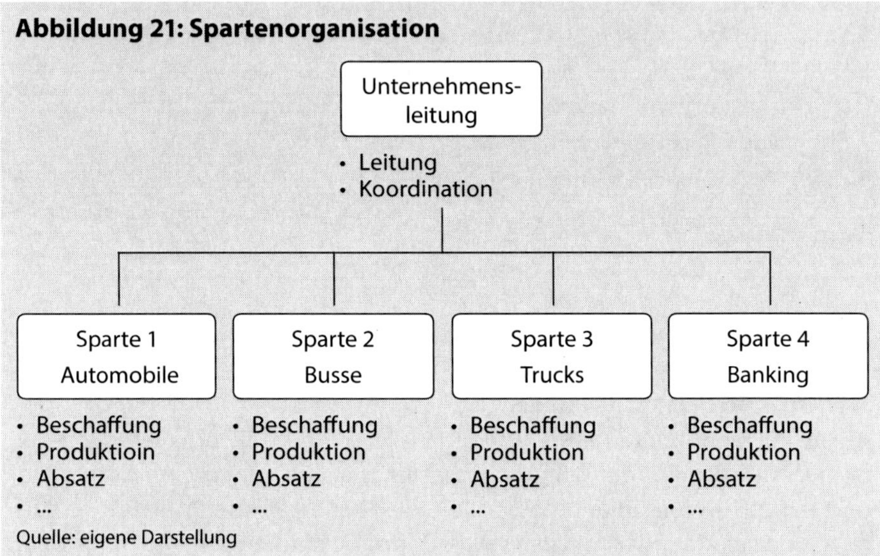

Quelle: eigene Darstellung

Matrixorganisation

Abbildung 22: Matrixorganisation

Unternehmensleitung	Sparten		
	I. Leitung **Lebensmittel**	**II.** Leitung **Chemie**	**III.** Leitung **Rüstung**
Beschaffung	Mitarbeiter I.1	Mitarbeiter II.1	Mitarbeiter III.1
Produktion	Mitarbeiter I.2	Mitarbeiter II.2	Mitarbeiter III.2
Absatz	Mitarbeiter I.3	Mitarbeiter II.3	Mitarbeiter III.3
Personal	Mitarbeiter I.4	Mitarbeiter II.4	Mitarbeiter III.4
Finanzierung	Mitarbeiter I.5	Mitarbeiter II.5	Mitarbeiter III.5
Marketing	Mitarbeiter I.6	Mitarbeiter II.6	Mitarbeiter III.6

Funktion

Quelle: eigene Darstellung

Beschaffung

Unter Beschaffung versteht man das Bereitstellen aller für die Produktion nötigen Produktionsfaktoren, seien es Rohstoffe, Teile von anderen Herstellern, Betriebsstoffe, Dienstleistungen oder Energie. Dabei ist es das Ziel, die Versorgung des Unternehmens dauerhaft, in angemessener Qualität und zu günstigen Preisen zu gewährleisten. Dabei stellt sich immer die Frage, ob es besser ist, ein Gut von außen zuzukaufen oder selbst zu erstellen (make or buy). Auch hat die Beschaffung ein Auge darauf, Synergieeffekte bei den Beschaffungswünschen einzelner Abteilungen zu realisieren.

Outsourcing
Auslagerung unternehmerischer Tätigkeit hin zu externen Anbietern. Andere Unternehmen können als Spezialisten die Leistungen oftmals günstiger und effizienter erbringen. Das eigene Unternehmen kann sich entsprechend auf seine Kernkompetenz fokussieren. Beispiele: IT-Leistungen, Kantine, Werkschutz, Buchhaltung, Spedition …

Just-in-Time
Um Lagerkosten zu vermeiden, liefern die Zulieferer ihre Waren direkt passend zur Produktion. Das Lager wird somit auf die Straße verlagert. Dies erfordert allerdings einen hohen Koordinationsaufwand und birgt zudem die Gefahr, dass es durch Lieferverzögerungen zum Produktionsstillstand kommen kann.

Produktion

Die Produktion ist die eigentliche Leistungserstellung im Unternehmen. Hier wird das Produkt oder die Dienstleistung erstellt, die später den Kunden zur Verfügung steht. In der industriellen Produktion (Fertigung) kann man die Produktion nach verschiedenen Kriterien ordnen:

Übersicht 18: Fertigungsarten in der Industrie

Werkstattfertigung	Gleichartige Maschinen und Tätigkeiten werden zu Werkstätten zusammengefasst. So entstehen Stanzwerke, Drehereien, Gießereien, etc. und die Produkte wandern im Laufe ihres Herstellungsprozesses hin und her. Geeignet vor allem bei Einzel- und Kleinserienfertigung.
Fließbandfertigung	Die Herstellung eines Produktes wird in einzelne Arbeitsschritte unterteilt, die in Reihenfolge an einzelnen Stationen erfolgen. Dabei dauern alle Arbeitsschritte etwa gleich lang, damit die Taktung funktionieren kann. Dies führt zu einer enormen Steigerung des Ausstoßes gelichartiger Produkte, birgt aber die Gefahr von Monotonie und Unzufriedenheit bei den eingesetzten Arbeitern.
Inselfertigung	Die Arbeiter erstellen eine Komponente oder ein Produkt gemeinsam an einer Fertigungsinsel. Hier stehen alle Materialien und Werkzeuge bereit. Dadurch, dass jeder Arbeiter verschiedene Tätigkeiten ausführt, werden Monotonieeffekte vermieden und durch die gesteigerte Identifikation mit dem Produkt steigt auch die Motivation.

Quelle: eigene Darstellung

Wiederholungstypen der Fertigung

a) Einzelfertigung
Von einem Produkt wird nur eine Einheit hergestellt, häufig nach Bestellung. Erfordert daher gut ausgebildete und flexible Fachkräfte und Universalmaschinen. Hier kann man auf spezielle Kundenwünsche eingehen (Hausbau, Schiffbau).

b) Serienfertigung
Gleichartige Produkte werden in Serie hergestellt. So entstehen Produktionsvereinfachung gegenüber der Einzelfertigung, die Kosten Sparen und die Menge erhöhen (Automobilproduktion).

c) Massenfertigung
Produktion einer vorab nicht beschränkten Menge an gleichartigen Gütern. Durch die schiere Masse des Ausstoßes werden die Kosten für das einzelne Produkt gegenüber der Einzelfertigung massiv gesenkt. (Economies of Scale & Scope). Demgegenüber steht allerdings häufig der Bedarf an teuren Spezialmaschinen (Ziegelproduktion, Stecknadeln).

Industrialisierung
Als Industrialisierung bezeichnet man einen Effekt des zunehmenden Einsatzes von technischen Errungenschaften zur Erhöhung und Vereinfachung der Produktion.

Industrialisierung Mitte 19. Jh. = Erfindung der Dampfmaschine Mitte des 19. Jahrhunderts und Mechanisierung der Produktion. Folge waren große Arbeitslosigkeit und die Arbeiterfrage.

Taylorismus Anfang 20. Jh. = Erfindung des Fließbandes und der Massenproduktion.

Robotisierung 1980er = Roboter erhalten Einzug in der Fertigung

Industrialisierung 4.0 Anfang 21. Jh. = Vernetzung von Maschinen und Produkten. So können z. B. Roboter in Fertigungsstraße individuelle Produkte herstellen, da sie mit dem Werkstück kommunizieren.

Absatz

Der Absatz ist der letzte Schritt im Leistungsprozess des Unternehmens. Das erstellte Produkt oder die erstellte Dienstleistung wird an den Kunden verkauft oder vermietet. Unter Absatz fallen dabei sowohl die Vorgänge des eigentlichen Verkaufs, aber auch ggf. Folgeprozesse wie Wartungsarbeiten und Reparaturen. Ein Bestandteil des Absatzes ist das Marketing. Informationen aus dem Absatzbereich sind zudem von großer Bedeutung für die anderen Bereiche des Unternehmens wie Produktionsplanung und Entwicklung.

Unternehmensleitung

Neben der Festlegung der übergeordneten Unternehmensziele ist die Personalführung eine der Hauptaufgaben der Unternehmensleitung. Um Personal zu führen gibt es unterschiedliche Ansätze. Dabei ist die Wahl des Ansatzes auch von der Personalstruktur und der Organisation des Betriebes abhängig. Ein Industriebetrieb mit Massenproduktion und vielen ungelernten Arbeitern erfordert ein anderes Führungssystem als eine Forschungseinrichtung mit vielen unabhängig arbeitenden Wissenschaftlern. Je höher das Niveau an Selbstständigkeit, dass vom Personal erwartet wird, desto partizipativere Führungsstile bieten sich an.

Übersicht 19: Führungsstile

Kooperativ/ demokratisch	Führung koordiniert die Mitarbeiter bei der Entscheidungsfindung und setzt diese Entscheidung dann um.
partizipativ	Die Mitarbeiter entwickeln eigene Lösungsvorschläge und die Führung entscheidet, welcher umgesetzt wird.
beratend	Die Führung holt bei Entscheidungen die Meinung der Mitarbeiter ein, bevor sie die Entscheidung trifft.
autoritär	Zentralisation der Entscheidung auf eine Person. Vorgesetzter trifft Entscheidung ohne Einbeziehung der Mitarbeiter

Quelle: eigene Darstellung

Ein kooperativerer Führungsstil wirkt sich dabei zunehmend positiv auf die Zufriedenheit der Mitarbeiter und auf deren Fluktuation aus. Allerdings ist ein Einfluss auf die Produktivität nicht sicher messbar.

Neben dieser Ordnung nach Partizipation der Mitarbeiter gibt es weitere Führungsstile wie die charismatische Führung, in dem der Vorgesetzte durch seine Persönlichkeit und durch sein Vorbild führt.

Neben dem Führungsstil prägen auch verschiedene Führungstechniken die Kultur eines Unternehmens. Dabei handelt es sich nicht um Alternativen, vielmehr können auch Kombinationen dieser Techniken zur Anwendung kommen. Ziel ist es, die Führung zu entlasten und die Verantwortlichkeit und Motivation der Mitarbeiter zu stärken.

Übersicht 20: Führungstechniken

Management by Descission rules (Entscheidungsregeln)	Es werden Entscheidungsregeln aufgestellt, die bei Routineentscheidungen zur Anwendung kommen (wenn …, dann …)
Management by Delegation (Aufgabenübertragung)	Eine genau definierte Aufgabe wird einem Mitarbeiter übertragen, der sie nach eigener Entscheidung selbständig löst. Die Führung kontrolliert nur das Erfüllen der Aufgabe, nicht wie dies gelingt. Entscheidungen werden auf die Ebene verlagert, die den besten Einblick hat. (Harzburger Modell)
Management by Exception (Ausnahmeregelung)	Entscheidungsbefugnisse werden auf die jeweils unterste mögliche Hierarchieebene verlagert. Dort treffen die Mitarbeiter selbstständig und frei alle Entscheidungen. Erst in Ausnahmefällen, in denen sie keine Entscheidung treffen können, wenden sie sich an einen Vorgesetzten.
Management by Objectives (Zielvereinbarungen)	Führung und Mitarbeiter leiten gemeinsam aus den Unternehmenszielen Teilziele ab, die der Mitarbeiter erreichen muss. Kontrolliert wird der Grad der Zielerreichung. In nachfolgenden Gesprächen werden die Teilziele angepasst und optimiert.
Management by Partizipation (Mitarbeiterbeteiligung)	Durch eine hohe Beteiligung der Mitarbeiter an Entscheidungen und Zielfestlegungen (kooperativer Führungsstil) wird versucht, dass sich die Mitarbeiter stark mit dem Unternehmen und ihren Aufgaben identifizieren und so höhere Leistung und Motivation erbringen.

Quelle: eigene Darstellung

Personal

Der Unternehmensbereich Personal beschäftigt sich zum einen mit der Personalbeschaffung, zum anderen aber auch mit der Personalführung. Personalbeschaffung kann sowohl durch externe Bewerber, als auch durch interne erfolgen. Wichtig ist es dabei, dass der Bewerber auch möglichst gut zur Stelle passt. Um dies sicherzustellen, gibt es verschiedene Arten der Personalbeschaffung.

Übersicht 21: Personalbeschaffung

extern	intern
• Stellenausschreibung • Bundesagentur für Arbeit • Online Stellenportale • Headhunter • Zeitarbeitsagenturen	• Versetzungen • Beförderungen • Innerbetriebliche Stellenausschreibungen • Überstunden • Fortbildungen

Quelle: eigene Darstellung

Assessment-Center

Ein- oder mehrtägige Auswahlverfahren zur Personalbeschaffung mit schriftlichen Tests, Aufsätzen, Computertests, Gruppenarbeiten, Vorträgen, etc.

Finanzierung

Neben der Beschaffung von Rohstoffen ist die ausreichende Versorgung des Unternehmens mit Geldmitteln entscheidend für den betrieblichen Leistungsprozess. Nur mit ausreichend liquiden Mitteln können Rechnungen und Löhne bezahlt sowie Investitionen getätigt werden. Finanzierung ist diese Bereitstellung von Finanzmitteln. Üblicherweise werden dazu realisierte Gewinne verwendet. Allerdings besteht auch die Möglichkeit, neue Investoren zu gewinnen (Eigenkapital) oder Kredite zu erhalten (Fremdkapital). Zudem können Gewinnüberschüsse angelegt werden.

Sonderfall öffentliche Verwaltung

Öffentliche Verwaltungen unterliegen anderen Grundvoraussetzungen als marktorientierte Unternehmen. Zum einen ist ihr Ziel nicht die Gewinnmaximierung, sondern die Zurverfügungstellung einer Leistung für den Bürger, zum anderen sind die Beschäftigten häufig keine Angestellten, sondern

Beamte. Damit ist der Konkurrenzdruck und die Gefahr der Insolvenz nicht gegeben, genau so wenig wie die Angst der Mitarbeiter vor Jobverlust. Viele Anreizsysteme und Organisationsformen für marktwirtschaftliche Unternehmen bieten sich daher für Behörden nicht an.

3.6 Finanzen und Rechnungswesen

Kostenarten

In einem Unternehmen fallen verschiedene Kosten an:

Übersicht 22: Kostenarten

Fixkosten/variable Kosten	Einzelkosten/Gemeinkosten
• **Fixkosten** fallen immer an, unabhängig von der Produktion (Miete, Pacht, Löhne) • **Variable Kosten** steigen und fallen mit der Produktionsmenge (Rohstoffe, Betriebsstoffe, Energie)	• **Einzelkosten** lassen sich einem bestimmten Produkt direkt zuordnen (Material, Fertigungslohn) • **Gemeinkosten** fallen für das gesamte Unternehmen an und können nicht direkt einem Produkt zugeordnet werden (Hausmeister, Büromiete)

Quelle: eigene Darstellung

Durch den Verkauf seiner Waren und Dienstleistungen generiert das Unternehmen **Umsatz**. Aber erst, wenn die Kosten gedeckt sind, ist die sogenannte **Gewinnschwelle** *(break-even-point)* erreicht und führt der weitere Umsatz zu **Gewinn**. Der Anteil des Umsatzes, der benutzt wird, um die Fixkosten zu decken, nennt sich **Deckungsbeitrag**. Es kann für Unternehmen sinnvoll sein zu produzieren, obwohl es nicht zum Gewinn kommt, und zwar dann, wenn der Umsatz hilft, die Fixkosten zu senken, sodass im Endeffekt weniger Kosten als ohne Produktion entstehen. Dabei müssen mindestens die variablen Kosten der Produktion gedeckt sein.

Finanzierung

Um diese Kosten zu decken ist eine gut geplante Finanzierung wichtig. Nur so kann auf Dauer dafür gesorgt werden, dass das Unternehmen ausreichend mit liquiden Mitteln versorgt ist und nicht insolvent geht. Je nachdem, woher die Finanzmittel kommen, kann man sie ordnen:

Abbildung 23: Finanzierung

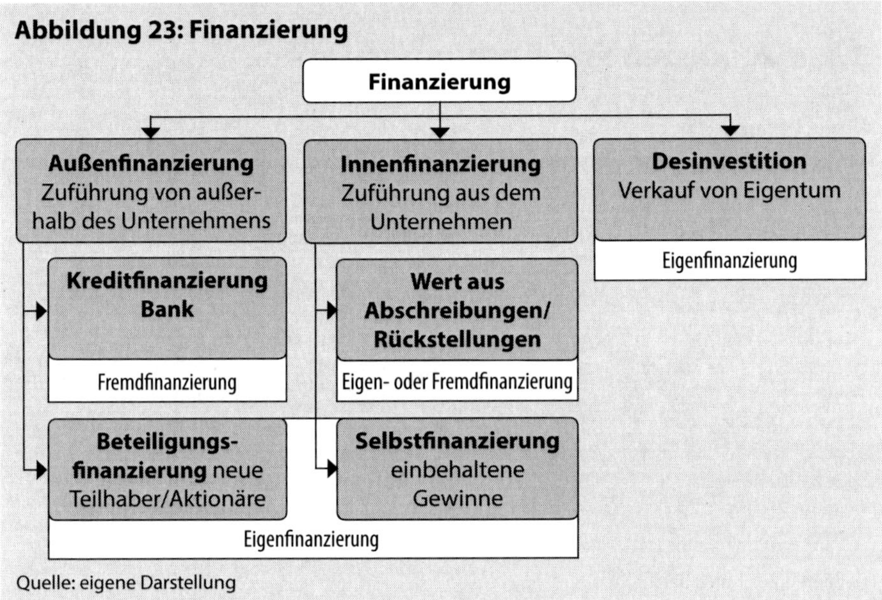

Quelle: eigene Darstellung

Leasing

Leasing oder Mieten bietet die Möglichkeit, Investitionsgüter wie Maschinen nur für die benötigte Dauer zu beziehen und entsprechend weniger zu bezahlen, als bei einer Anschaffung der Maschine. Dies kann sich lohnen, wenn die Maschine nicht permanent benötigt wird. Zudem hat man immer das aktuelle Modell zur Verfügung.

Venture Capital/Crowd Founding
Gerade in der Gründungsphase ist es oftmals schwer an ausreichend Kapital zu kommen. Es gibt spezielle Finanziers, die sich an Unternehmensgründer wenden und ihnen Kapital (Venture Capital) zur Verfügung stellen und ihnen ggf. mit Rat und Tat bei der Gründung zur Seite stehen. Dafür beanspruchen sie eine Teilhabe.

Crowd Founding bezeichnet eine Finanzierung durch eine hohe Anzahl an Kapitalgebern, die mit einer jeweils kleineren Summe beteiligt sind (Schwarmfinanzierung). Organisiert werden solche Finanzierungen über spezielle Internetplattformen. So können sich auch Kleinanleger an ihnen vielversprechend erscheinenden Unternehmen beteiligen.

Bilanz

Den Wert eines Unternehmens kann man bestimmen, indem man alle seine Güter und Mittel auflistet. Dies erfolgt in der Bilanz. Hier wird gegenübergestellt, woher die Mittel im Unternehmen kommen (**Passiva**) und wie diese verwendet werden (**Aktiva**). Entsprechend müssen beide Seiten der Bilanz am Ende die gleiche Summe aufweisen.

Übersicht 23: Bilanz

Aktiva *Verwendung der Mittel*	**Passiva** *Herkunft der Mittel*
Anlagevermögen (länger als 1 Jahr im Unternehmen) • Sachanlagen (Grundstück, Gebäude, Maschinen) • Finanzanlagen (angelegtes Geld) • Immaterielle Vermögensgegenstände (Rechte, Patente) **Umlaufvermögen** (weniger als 1 Jahr im Unternehmen) • Lagerbestände (Rohstoffe, fertige Erzeugnisse) • Forderungen aus Lieferungen u. Leistungen (von Kunden noch nicht bezahlte Rechnungen) • liquide Mittel (Kassenbestand) • sonst. kurzfristige Vermögenswerte	**Eigenkapital** • gezeichnetes Kapital (Kapitaleinlage der Eigentümer/ Aktionäre) • Gewinn/Verlust • Rücklagen (für Prozesse, Investitionen) **Fremdkapital** • Finanzschulden (Kredite, Darlehen) • Verbindlichkeiten aus Lieferungen und Leistungen (noch nicht bezahlte Rechnungen von Lieferanten) • Rückstellungen (für Prozesse, Investitionen)
Bilanzsumme	**Bilanzsumme**

Quelle: eigene Darstellung

Goldene Bilanzregel

Ein Unternehmen gilt dann als stabil, wenn es mit dem Eigenkapital das Anlagevermögen decken kann. So sind die Produktionsmittel nicht von kurzfristigen Krediten abhängig.

Gewinn- und Verlustrechnung (GuV)

Ob ein Unternehmen Gewinn oder Verlust macht, lässt sich in der Gewinn- und Verlustrechnung ablesen. Dabei werden vom Rohertrag alle anfallenden Kosten und Aufwendungen nach einem Festen Schema abgezogen. Kenngrößen wie das EBIT dienen dabei der Vergleichbarkeit von Unternehmen aus verschiedenen Ländern, da hier die unterschiedlichen Steuersätze das Ergebnis nicht verzerren.

Umsatzerlöse
– Materialeinsatz = Rohertrag
– Personalaufwand – Sonstige betriebliche Aufwendungen + sonstige betriebliche Erträge = **EBITDA** *(earnings before interests, taxes, depreciation and amortization)* Ergebnis vor Zinsen, Steuern, Abschreibungen auf Sachanlagen und immaterielle Vermögensgegenstände
– Abschreibungen = **EBIT** *(earnings before interests and taxes)* Ergebnis vor Zinsen, Steuern → **operatives Ergebnis**
– Zinsen = **EBT** *(earnings before taxes)* Ergebnis vor Steuern
– Steuern = Gewinn (**Jahresüberschuss**) oder Verlust

Cashflow

Da in der Gewinn- und Verlustrechnung Zahlungen nach dem Rechnungstag und nicht nach dem tatsächlich erfolgten Zahlungseingang erfasst werden, bildet die GuV häufig einen fiktiven Zustand ab, der nicht der tatsächlichen Liquidität des Unternehmens entsprechen muss. Die Einkünfte aus dem Verkauf einer Ware werden direkt mit dem Verkaufstag in der GuV aufgeführt. Wenn der Kunde seine Rechnung aber erst einige Wochen später bezahlt, hat das Unternehmen zwar buchhaltungstechnisch nach der GuV das Geld verdient, aber praktisch nicht auf dem Konto zur Verfügung. Um dieser Diskrepanz abzuhelfen gibt es die **Cashflow-Rechnung**. Hier werden die tatsächlichen Zahlungsströme erfasst, sodass sie Aussage über die tatsächliche Liquidität geben kann.

Finanzmittel am Beginn der Periode
+ Umsatzerlöse
– Materialkosten – Personalkosten – Marketingkosten – Gezahlte Zinsen – Gezahlte Steuern = Cashflow aus laufender Geschäftstätigkeit
– Kauf eines Lieferwagens + Verkauf eines Grundstücks = Cashflow aus Investitionstätigkeit
+ Aufnahme eines Kredits – Tilgung eines Kredits – Dividendenzahlung an Aktionäre = Cashflow aus Finanzierungstätigkeit
Finanzmittel am Ende der Periode

Betriebliche Insolvenz

Kann ein Unternehmen seine Verbindlichkeiten nicht bedienen, ist es zahlungsunfähig (insolvent). Dabei ist es unerheblich, ob es generell keine Mittel mehr hat oder ob die Mittel langfristig gebunden sind, zum Beispiel in Geldanlagen oder Investitionen, und zum Zahlungszeitpunkt nur gerade nicht zur Verfügung stehen. Eine Insolvenz zieht üblicherweise die Aufhebung des Unternehmens und ein Insolvenzverfahren (früher Konkursverfahren) vor einem Gericht nach sich. Gegebenenfalls können sich die Gläubiger auch darauf einigen, einen Zahlungsaufschub oder geänderte Kreditkonditionen zu gewähren, sollten sie noch Chancen sehen, das Unternehmen zu retten. In diesem Fall erfolgt eine Sanierung. Die Gläubiger stehen so vor der Wahl, ihre Investitionen abschreiben zu müssen oder Zugeständnisse zu machen. Im Insolvenzfall wird das Unternehmen meistbietend veräußert, entweder als Ganzes, zum Beispiel an einen Konkurrenten, oder seine einzelnen Teile an jeweils unterschiedliche Käufer. Die erzielten Einkünfte werden unter den Gläubigern aufgeteilt um zumindest einen Teil von deren Verlust auszugleichen. Je nach Rechtsform haftet der Eigentümer des Unternehmens dabei auch mit seinem Privatvermögen (Haus, Auto …). Um eine Insolvenz zu vermeiden ist also eine ausreichende Liquidität des Unternehmens wichtig und sollte ein Hauptziel der Finanzplanung sein.

Abbildung 24: Ablauf eines Insolvenzverfahrens

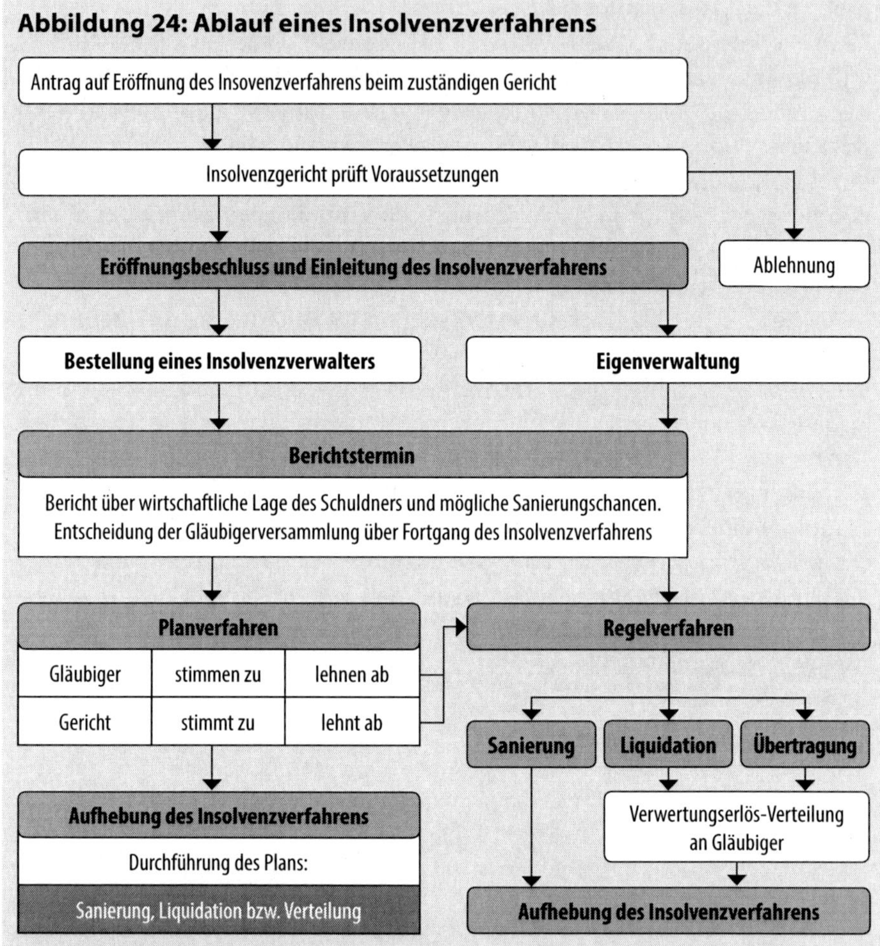

Quelle: https://www.faz.net/aktuell/wirtschaft/recht-steuern/arcandor-ein-plan-fuer-alle-faelle-1810036/infografik-diagramm-ablauf-1821798.html vom 1.1.2019

3.7 Marketing

Ist ein Produkt/eine Dienstleistung erstellt, soll sich dieses natürlich möglichst gut verkaufen. Dabei gilt es, verschiedene Dinge zu berücksichtigen.

Grundlage hierfür ist es, möglichst genau über die aktuelle Situation am Markt informiert zu sein. Dabei kann eine Analyse des Umfeldes helfen. Entscheidend ist es zum Beispiel, über die potentiellen Käufer möglichst genaue Kenntnis zu haben.

- Welches Einkommen haben die Käufer?
- Wie sehen die Konsumgewohnheiten aus?
- Wie alt sind sie?
- Welches Geschlecht weisen sie auf?

Alle diese Fragen helfen, das Produkt zu optimieren und das Marketing auszurichten. So kann das Produkt/die Dienstleistung entsprechend angepasst werden.

Die Steigerung des Absatzes ist die **Grundaufgabe** des Marketings. Dabei besteht das Marketing aus vier verschiedenen Elementen,

- der Produktpolitik,
- der Preispolitik,
- der Distributionspolitik
- der Kommunikationspolitik.

Im Englischen werden sie als die vier P bezeichnet: product, price, place und promotion. Diese vier Elemente müssen im Rahmen eines Marketingkonzepts so aufeinander abgestimmt werden, dass die anvisierte Zielgruppe möglichst gut erreicht wird und somit der Absatz für das Produkt/die erstellte Dienstleistung entsprechend groß ist. Nur so kann sich das Unternehmen am Markt gegen die Konkurrenz behaupten und den Gewinn steigern. Eine solche Kombination aus verschiedenen Marketingelementen wird als Marketingmix bezeichnet. Natürlich fällt dies auf Märkten, die von den Verkäufern dominiert sind (z. B. Tankstellen …), leichter als auf sogenannten Käufermärkten (z. B. Kleidung …).

Neben der Steigerung des Absatzes hat das Marketing aber auch weitergehende Aufgaben, die über die Unternehmensziele definiert sind, z. B.

- die Stärkung des Images,
- die positive Identifikation von Kunden und Mitarbeiter mit dem Unternehmen,
- die Erhöhung der Attraktivität als Arbeitgeber und weiteres mehr.

So wichtig das Marketing als geschlossenes Konzept für den Unternehmenserfolg ist, so schwierig ist es, diesen Erfolg zu messen. Wieviel Einfluss eine einzelne Marketingmaßnahme, wie z. B. das Sponsern eines Festivals, auf den Absatz hat, lässt sich nur äußerst schwer erheben. Vor allem die langfristigen Auswirkungen solcher Maßnahmen auf das Image einer Marke sind kaum zu beziffern, da sich zum Beispiel nur schwer feststellbare (validierbare) Kenngrößen für einen Soll-Ist-Vergleich finden lassen. Nichtsdestotrotz ist das Marketing ein wichtiger Bestandteil im Unternehmen und in seiner Bedeutung kaum zu überschätzen.

Übersicht 24: Maßnahmen des Marketing-Mixes

Produktpolitik/ product	Preispolitik/ price	Distribution/ place	Kommunikation/ promotion
• Produktpalette • Qualität • Design • Ausstattung • Variationen • Verpackung	• Angebote • Rabatte • Finanzierungen • Keine Versandkosten	• Direkt-/Fabrikverkauf • Onlineshop • Eigene Shops	• Werbung • Aktionen • Gewinnspiele • Product placement • Messen • Sponsoring

Quelle: eigene Darstellung

SWAT-Analyse

Eine Möglichkeit, die Positionierung des eigenen Unternehmens zu bestimmen, ist die SWAT-Analyse. Hierbei werden Stärken und Schwächen des Unternehmens in allen Bereichen (Beschaffung, Produktion, Absatz, Personal, Finanzierung…) und seine Chancen und Risiken am Markt analysiert und Maßnahmen abgeleitet. SWAT steht dabei für Strengths, Weaknesses, Opportunities, Threats (Stärken, Schwächen, Chancen, Risiken).

Produktpolitik

Die Produktpolitik beschäftigt sich mit allem, was direkt mit der Gestaltung des Produktes zu tun hat, von Aussehen, über die Eigenschaften bis hin zur Verpackung. Wünsche der Konsumenten, die über die Marktforschung bekannt geworden sind, fließen hier in Design oder Funktionalität ein. Schließlich haben Asiaten andere Geschmäcker als Südamerikaner. Auch eine Differenzierung oder Spezialisierung des Produktes kann berücksichtigt werden. Dabei stehen allerdings immer die einfache und kostengünstige Produktion eines möglichst einheitlichen Produktes und die möglichst große Individualisierung für spezielle Käuferschichten im Gegensatz zueinander. Diese Sortimentsgestaltung ist eine große Aufgabe, entscheidet sie doch darüber, welche Käufer noch bedient werden und welche nicht mehr, da es zu teuer oder aufwändig wäre. Das Produktportfolio eines Unternehmens setzt sich üblicherweise aus verschiedenen Produkten zusammen, die unterschiedliche Marktanteile und auch Wachstumsaussichten am Markt aufweisen. Ebenso muss ein Produkt rechtzeitig weiterentwickelt oder ersetzt werden, um als Unternehmen den Vorsprung am Markt nicht zu gefährden.

Preispolitik

Ein grundlegendes Element des Marketingmix ist die Preisgestaltung. Hierbei muss der Anbieter nicht nur die Preise der Konkurrenz berücksichtigen, sondern auch immer die eigenen Produktions- und Herstellkosten berücksichtigen. Sie geben vor, welcher Preis minimal erzielt werden muss, um Verluste zu vermeiden. Die Zahlungsbereitschaft der Kunden bildet hingegen die obere Grenze des Möglichen. Sonderpreise und Lockangebote dienen dazu, sich am Markt zu etablieren, den Verkauf anzukurbeln und neue Nischen zu erschließen. Aber auch extrem hohe Preise können eine bestimmte Wirkung haben und Exklusivität vermitteln. Eine besonders edle Variante des Produktes kann unter Umständen deutlich teurer abgesetzt werden. Auch die unterschiedlichen Phasen im Leben eines Produktes spielen eine Rolle. Während der Entwicklung entstehen Kosten, denen kein Umsatz gegenübersteht. Zu Beginn des Verkaufs, in der Einführungsphase, übersteigen die Kosten meist noch den Umsatz. Hier sind dennoch günstige Preise und Angebote hilfreich, um das Produkt am Markt zu etablieren. Der Zeitpunkt, ab dem der Umsatz die Kosten deckt, nennt sich Gewinnschwelle oder **Break-even-point**. Ab hier wird Gewinn erwirtschaftet und der Absatz steigt. Aber aufgrund von Marktsättigung, technischem Fortschritt oder verändertem Konsumverhalten sinkt auch die Nachfrage nach einem Produkt wieder. Dies kann schneller oder langsamer gehen, je nachdem, wie schnelllebig ein Markt ist. In dieser Degenerationsphase macht ein Absenken der Preise ggf. wieder Sinn, um den Absatz noch möglichst lange aufrecht zu erhalten. Die Differenz zwischen Kosten und Gewinn wird Marge genannt. Je höher die Marge, desto höher der Gewinn. Und je exklusiver mein Produkt am Markt angesehen ist, desto höher kann diese **Marge** angesetzt werden. Bei Porsche ist sie zum Beispiel deutlich höher als bei Dacia.

Distributionspolitik

Unternehmen verkaufen ihre Produkte selten direkt an Endverbraucher, sondern es gibt verschiedenste Absatzkanäle wie Einzelhandelsunternehmen, Handelsvertreter, Internethändler, Outletstores etc.

Allerdings gibt es auch einige Wege des Direktvertriebs wie Fabrikverkauf, Onlineshops etc. Hierbei fallen die Kosten für den Zwischenhandel weg, das Produkt kann für den Käufer günstiger werden. Manche Firmen setzen auch ausschließlich auf diesen Direktvertrieb, sie wollen nicht nur die Kosten für den Zwischenhandel sparen, sondern die Kunden auch stärker an die Marke direkt binden oder spezielle Serviceleistungen und Zusatzangebote mitanbieten (z. B. Tupperware).

Kommunikationspolitik

Das beste Produkt auf dem Markt wird sich nicht gut verkaufen, wenn es keiner kennt. Hier greift die Werbung. Um sich gegen Konkurrenz durchzusetzen ist es entscheidend, dass ein Produkt bekannt ist und die Vorteile gegenüber der Konkurrenz offensichtlich. Zudem soll ein bestimmtes Image vermittelt werden, das eine Strahlkraft besitzt. Dabei geht es nicht nur um das eigene Produkt, vielmehr soll das Unternehmen selbst, die Marke, mit diesen positiven Assoziationen verbunden werden. Eine emotionale Verbindung zwischen Käufer und Produkt/Marke soll geschaffen werden.

Kommunikationspolitik geht also weit über das einfache Werben für ein Produkt hinaus. Hier spielen auch Bereiche wie Beziehungen zu Handelspartnern, Lieferanten, der allgemeinen Öffentlichkeit oder auch der Politik eine Rolle. Solche Gesamtstrategien werden als **Public-Relations** bezeichnet und enthalten ein Bündel an Maßnahmen und Strategien, die dauerhaft und nachhaltig das Image des Unternehmens positiv beeinflussen sollen. Natürlich wird hierbei auch auf die klassischen Methoden der Werbung wie TV-Spots, Anzeigen, Radioclips zurückgegriffen. Allerdings liegt der Schwerpunkt im Gegensatz zur Produktwerbung eher auf Geschäftsberichten, Pressemitteilungen, Veranstaltungen, Messen, Vorträgen, Interviews, Imagefilmen und Kontaktpflege mit Journalisten und Politikern.

Negatives Marketing
Auffallen um jeden Preis, auch mit negativen Schlagzeilen, ist ein Weg, der immer wieder im Marketing diskutiert wird. Zur Erzielung kurzphasiger Aufmerksamkeit, zum ins-Gespräch-kommen, mag dies ein Weg sein, nachhaltige Identifikation mit einer Marke wird so allerdings sicher nicht erzielt.

Corporate Identity
Mittels einer gemeinsamen Firmenidentität und eines einheitlichen, sich von der Konkurrenz absetzenden Auftretens soll zum einen nach außen hin das Unternehmen sympathisch und attraktiv erscheinen. Maßnahmen hierzu sind einheitliche Logos, Farben, Kleidung, Slogans, etc. Somit sollen positive Eigenschaften eines Produktes auf ein anderes übertragen werden und der Wiedererkennungseffekt steigen. Zum anderen soll Corporate Identity nach innen wirken und die Mitarbeiter enger an das Unternehmen binden, indem sie sich positiv mit ihm identifizieren, quasi eine Unternehmens-Familie bilden. Maßnahmen hierzu sind gemeinsame Aktivitäten, auch in der Freizeit, generell die Pflege des Betriebsklimas, Leistungen an die Mitarbeiter, die über die gesetzlich vorgeschriebenen hinausgehen, etc.

CSR/Greenwashing
Corporate Social Responsibility (CSR) bezeichnet ein Konzept verantwortungsbewussten unternehmerischen Handelns, das über das Erfüllen der gesetzlichen Mindestbestimmungen freiwillig hinausgeht. Unternehmen zeigen hier Bewusstsein für soziale und ökologische Fragen und bemühen sich so, Gesellschaft und Umwelt positiv zu gestalten. Hieraus leiten sich oftmals auch soziale und ökologische Unternehmensziele ab.

CSR birgt die Gefahr, dass Unternehmen solche Konzepte als Deckmantel betreiben. Während sie öffentlichkeitswirksam einzelne CSR-Projekte verfolgen, ist die Gesamtbilanz des Unternehmens im ökologischen und sozialen Bereich mitnichten vorzeigbar. Sie geben sich somit nur einen grünen Anstrich (greenwashing).

Abbildung 25: Was sind die größten Herausforderungen für das Marketing?

Quelle: https://www.keyna.de/portfolio-view/marketing/ vom 3.1.2019

3.8 Lohnformen

Für die meisten Arbeitnehmer stellt der Lohn die einzige Einkommensquelle dar. Dieser bestimmt somit weitestgehend den Lebensstandard und die Lebensumstände. Die Höhe des Lohnes ist von vielerlei Faktoren abhängig:

- von der Qualifikation,
- vom Arbeitsplatz,
- vom Alter
- und letztlich von der Leistung des Arbeitnehmers.

Diese Leistung lässt sich entweder durch die benötigte Arbeitszeit oder durch die erbrachte Arbeitsleistung messen. Deshalb unterscheidet man bei den Lohnformen auch den Zeitlohn und den Leistungslohn. Daneben gibt es noch den Beteiligungslohn, was bedeutet, dass der Arbeitnehmer am Gewinn des Unternehmens beteiligt wird.

Abbildung 26: Lohnformen

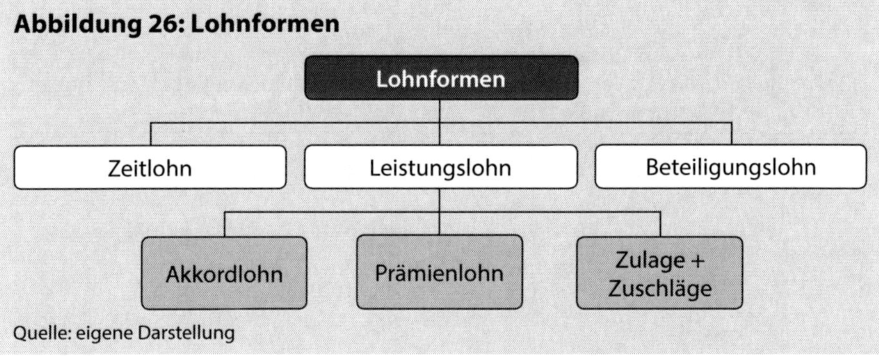

Quelle: eigene Darstellung

Zeitlohn

Grundlage für die Entlohnung ist die Arbeitszeit. Dabei wird die erbrachte Leistung nicht berücksichtigt. Man unterscheidet in der Regel:

- den Stundenlohn bei Arbeitern,
- den Monatslohn bei Arbeitern und Angestellten (Gehalt).

Diese Lohnform wird angewendet, wenn

- die Leistung des Arbeitnehmers nicht oder nur schwer messbar ist (z. B. Bürotätigkeit, Reparaturen),
- die Qualität der Arbeit von größerer Bedeutung ist als die erbrachte Menge (z. B. Präzisionsarbeiten),
- der Arbeitnehmer auf die Arbeitsmenge keinen Einfluss hat (z. B. Verkäuferin, Lagerarbeiter).

Vorteile	Nachteile
• einfache Lohnabrechnung • kalkulierbarer (fester) Verdienst • weniger Hetze und Stress, damit weniger Arbeitsunfälle • in der Regel bessere Qualität	• kaum Leistungsanreiz • Leistungsunterschiede werden nicht berücksichtigt • keine Beeinflussung der Lohnhöhe durch den Arbeitnehmer

Leistungslohn

Grundlage für die Entlohnung ist die Leistung des Arbeitnehmers. Dies kann sich ausschließlich auf die Leistung beziehen (Akkordlohn) oder als Aufschlag zum Grundlohn in Form von Prämien bzw. Zulagen und Zuschlägen bezahlt werden.

Akkordlohn

Beim Akkordlohn bestimmt die erbrachte Menge die Höhe des Lohnes. Sie wird je nach Produkt in den unterschiedlichsten Einheiten ausgedrückt (z. B. Stück, Gewicht, Fläche). Bei dieser Lohnform unterscheidet man:

- Stückgeldakkord: Für eine bestimmte Menge wird ein bestimmter Geldbetrag gezahlt (z. B. für das Verlegen von 1 m^2 Fliesen bekommt man 10,00 €). Die benötigte Zeit spielt dabei keine Rolle.
- Stückzeitakkord: Für die Herstellung eines Produktes wird eine bestimmte Zeit vorgegeben (z. B. für das Verlegen von 1 m^2 Fliesen benötigt man 30 Minuten).

Wird die vorgegebene Zeit unterschritten, erhöht sich der Stundenverdienst.

Diese Lohnform wird angewendet, wenn

- Arbeitsvorgänge immer wieder wiederholt werden und die Arbeit über längere Zeit gleichbleibt,
- die Leistung relativ leicht messbar ist,
- die Arbeitsleistung des Arbeitnehmers beeinflusst werden soll,
- der Arbeitnehmer seine Arbeitsleistung und die Höhe seines Lohnes selbst beeinflussen will.

Vorteile	Nachteile
• leistungsgerechte Entlohnung • Arbeitnehmer beeinflusst selbst Leistung und Lohnhöhe • Leistungskontrollen sind überflüssig • Produktionssteigerung	• Menge geht vor Qualität • Qualitätskontrollen sind häufig notwendig • großer Stress und hohe Belastung für den Arbeitnehmer • erhöhte Unfallgefahr

Prämienlohn

Grundlage für die Entlohnung ist entweder der Zeit- oder der Akkordlohn. Darüber hinaus bekommt der Arbeitnehmer eine Prämie für eine feststellbare Mehrleistung, die er ohne diese Prämie wahrscheinlich nicht erbracht hätte. Die besonderen Leistungen (feststellbare Mehrleistung), für die Zusatzvergütungen gezahlt werden, sind sehr vielfältig. Grundsätzlich unterscheidet man:

- **Qualitätsprämie** (Güte einer Ware wird entlohnt)
- **Quantitätsprämie** (Mehrleistung wird belohnt)
- **Terminprämie** (Einhalten bzw. Unterschreiten von Terminen wird belohnt)

Aber auch die besondere Sorgfalt im Umgang mit Maschinen, der sparsame Verbrauch von Materialien bis hin zu Verbesserungsvorschlägen, z. B. im Produktionsablauf, können Gegenstand von Prämien sein.

Vorteile	Nachteile
• zusätzlicher Leistungsanreiz • Kosten des Arbeitgebers können gesenkt werden • Garantie eines tariflichen Lohnes und die Möglichkeit, mehr zu verdienen • Verbesserung des Betriebsklimas	• Problem der richtigen Prämienhöhe • Erhöhung der Lohnkosten für den Arbeitgeber

Zulagen und Zuschläge

Im Gegensatz zu den bisher dargestellten Lohnformen sind die Zulagen und Zuschläge gesetzlich bzw. tarifvertraglich geregelt und richten sich nicht nach der „Arbeitsleistung" des Arbeitnehmers. Grundlage sind in der Regel bestimmte besondere Arbeitssituationen, die sich wesentlich von einer „normalen" Arbeitssituation unterscheiden.

Zulagen: Bestandteil des vereinbarten Arbeitsentgeltes, u. a. Schmutzzulage, Gefahrenzulage, Erschwerniszulage, Sparzulage, Zulage für langjährige Betriebszugehörigkeit
Zuschläge: Prozentualer Aufschlag auf den Grundlohn, u. a. Sonntagsarbeit, Arbeit an Feiertagen, Nachtarbeit

Beteiligungslohn

Der Gewinn einer Unternehmung steht rechtlich den Kapitalgebern zu. Demgegenüber steht jedoch der Einwand, dass der Erfolg der Unternehmung nicht nur durch die Bereitstellung von Kapital, sondern auch durch die Leistung aller Mitarbeiter entstanden ist.

Die Beteiligung der Arbeitnehmer am Erfolg der Unternehmung wird neben dem regulären Lohn gezahlt. Grundlagen für die Berechnung ergeben sich aus der Art der Beteiligung:
Leistungsbeteiligung: Die Mitarbeiter erhalten vom Gewinn eine Beteiligung, die sich auf die Menge der erzeugten Produkte (Produktivitätsbeteiligung) oder die Qualität (Kostenersparnisbeteiligung) bezieht.
Umsatzbeteiligung: Den Mitarbeitern wird eine Prämie, abhängig von der Umsatzhöhe, gezahlt.
Gewinnbeteiligung: Ein bestimmter Prozentsatz vom Gewinn wird jährlich an die Mitarbeiter ausgeschüttet. Hierbei kann entweder der Bilanzgewinn oder der Gewinn, der an die Anteilseigner ausgeschüttet wird, zugrunde gelegt werden.
Kapitalbeteiligung: Die Arbeitnehmer sind am Kapital der Unternehmung beteiligt (z. B. durch Belegschaftsaktien) und erhalten Dividende wie die Aktionäre.

Die Aufschlüsselung der zu erteilenden Summe kann nach verschiedenen Kriterien geschehen:

- nach Köpfen,
- nach der Lohnsumme des Einzelnen,
- nach dem Dienstalter,
- nach sozialen Gesichtspunkten (Familienstand, Kinderzahl).

Meistens wird eine Kombination aus den dargestellten Kriterien gewählt.

Für die Auszahlung der Erfolgsbeteiligung bieten sich verschiedene Formen an:

- Barauszahlung, auf einmal oder in Raten über das Jahr verteilt,
- Ausgabe von Belegschaftsaktien, evtl. mit einer Veräußerungssperrfrist,
- Ausgabe von Schuldscheinen mit fester Verzinsung,
- Anlage auf ein Sparkonto mit beschränkter Verfügungsmöglichkeit,
- Betrag wird in einen Fonds eingezahlt, der das Geld verwaltet. Die Mitarbeiter können nach Ablauf einer Sperrfrist darüber verfügen.

3.9 Mitwirkungsrechte, Betriebsrat, Gewerkschaften

Die Vorstellung, dass „Demokratie vor den Betriebstoren nicht aufhört", fand in einer Reihe von Gesetzen ihren Niederschlag. In ihnen wird die Mitwirkung und Mitbestimmung der Arbeitnehmer im sozialen, personellen, wirtschaftlichen und technisch-organisatorischen Bereich der Unternehmung geregelt:

- Das Betriebsverfassungsgesetz regelt die Rechte des Arbeitnehmers im Betrieb sowie den Bereich der Fort- und Weiterbildung. Auch die Aufgaben und Rechte bestimmter Vertretungsorgane der Arbeitnehmer sind darin festgelegt.
- Drei besondere Gesetze beschreiben die Vertretung der Arbeitnehmer im Aufsichtsrat und/oder Vorstand von Kapitalgesellschaften (Mitbestimmung auf Unternehmensebene).
- Das Arbeitsgerichtsgesetz ordnet die gesamte Rechtsprechung für den Bereich des Betriebsverfassungsgesetzes den Arbeitsgerichten zu.

Wenn bestimmte Voraussetzungen erfüllt sind (z.B. Anzahl der Beschäftigten, Unternehmensform) können aufgrund dieser Gesetze folgende Vertretungsorgane der Arbeitnehmer bestellt werden:

Übersicht 25: Vertretungsorgane der Arbeitnehmer

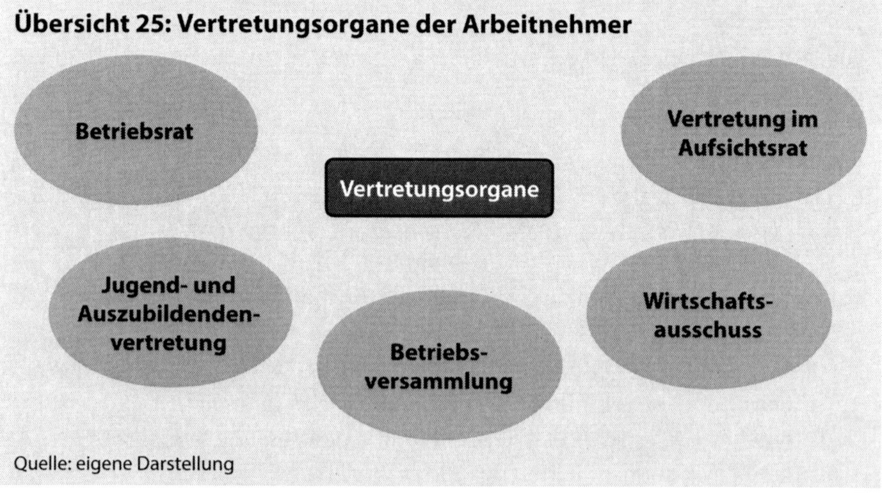

Quelle: eigene Darstellung

Betriebsrat

Die Interessen der Arbeitnehmer im Betrieb werden vom Betriebsrat vertreten. Dieser kann nur auf Initiative der Arbeitnehmer (Gewerkschaften) eingerichtet werden; ein Zwang zur Einrichtung besteht nicht.

Allgemeine Aufgaben sind:

- Überwachung der Einhaltung von Gesetzen, Tarifverträgen und Betriebsvereinbarungen,
- Beantragung von Maßnahmen bei der Betriebsleitung im Interesse von Betrieb und Belegschaft,
- Interessenvertretung besonders schutzbedürftiger Personen (z. B. Jugendliche, ausländische Mitarbeiter, Behinderte usw.).

Wahlen

- Betriebsratswahlen finden alle vier Jahre zwischen dem 1. März und dem 31. Mai statt.
- Wahlberechtigt sind alle Arbeitnehmer, die das 18. Lebensjahr vollendet haben.
- Wählbar sind alle Wahlberechtigten, die dem Betrieb seit sechs Monaten angehören.
- Die Anzahl der Betriebsratsmitglieder hängt von der Zahl der wahlberechtigten Arbeitnehmer ab.

Organe

- Die **Betriebsversammlung** besteht aus allen Mitarbeitern des Betriebes und wird vom Betriebsratsvorsitzenden geleitet. Sie muss einmal im Vierteljahr einberufen werden und kann dem Betriebsrat Anträge unterbreiten und Empfehlungen aussprechen.
- Der **Betriebsausschuss** muss gebildet werden, wenn ein Betriebsrat aus neun oder mehr Mitgliedern besteht. Er führt die laufenden Geschäfte des Betriebsrates (z. B. Vorbereitungen von Sitzungen).
- Der **Wirtschaftsausschuss** wird in allen Betrieben gebildet, die mehr als 100 Mitarbeiter haben. Die Mitglieder (mindestens drei, höchstens sieben) werden vom Betriebsrat bestimmt. Seine Aufgabe besteht darin, wirtschaftliche Angelegenheiten mit dem Unternehmer zu beraten und den Betriebsrat darüber zu informieren.

- Die **Einigungsstelle** wird zur Beilegung von Meinungsverschiedenheiten zwischen Arbeitgeber und Betriebsrat gebildet. In ihr sind Unternehmer und Betriebsrat zu gleichen Teilen vertreten sowie ein unparteiischer Vorsitzender. Ihre Entscheidung, die mit Stimmenmehrheit gefasst wird, kann in bestimmten Fällen verbindlich sein.

Mitbestimmung und Mitwirkung des Betriebsrates

In verschiedenen betrieblichen Angelegenheiten (z. B. im sozialen, personellen oder wirtschaftlichen Bereich) hat der Betriebsrat unterschiedliche Möglichkeiten der Mitbestimmung bzw. Mitwirkung:

- **Mitbestimmungsrechte**: Eine betriebliche Entscheidung kann nur zustande kommen, wenn der Betriebsrat *zustimmt* (z. B. bei sozialen Angelegenheiten).
- **Mitwirkungsrechte**: Der Betriebsrat kann bei betrieblichen Entscheidungen *seine Zustimmung nur verweigern*, wenn er gravierende, im Gesetz ausdrücklich genannte Gründe gegen diese Entscheidung vorbringen kann (z. B. bei personellen Angelegenheiten).
- **Beratungsrechte**: Der Betriebsrat hat kein Widerspruchsrecht gegen betriebliche Entscheidungen. Er muss lediglich rechtzeitig informiert und zu den anstehenden Entscheidungen gehört werden (z. B. bei wirtschaftlichen Angelegenheiten).

Abbildung 27: Mitbestimmung durch Arbeitnehmer (Betriebsrat)

Mitbestimmungsrechte	Mitwirkungsrechte	Beratungsrechte
Soziale Angelegenheiten (§ 87) • Betriebsordnung • Lage der Arbeitszeit und der Pausen • Urlaubsplan, • Unfallverhütung • betriebliche Berufsbildung • betriebliche Sozialeinrichtungen Personalfragebogen Beurteilungsgrundsätze (§ 94)	Personelle Einzelmaßnahmen (§ 99) • Einstellungen • Ein- und Umgruppierungen • Versetzungen Durchführung betrieblicher Bildungsmaßnahmen (§ 98), Kündigungen (§ 102)	Wirtschaftliche Angelegenheiten (§ 106) z. B. wirtschaftliche und finanzielle Lage, Produktion, Absatz, Investitionen, Rationalisierung durch den vom Betriebsrat bestimmten Wirtschaftsausschuss; Gestaltung des Arbeitsplatzes (§ 90) • Neu-, Um- Erweiterungsbauten • technische Anlagen • Arbeitsverfahren

Quelle: eigene Darstellung

Betriebsvereinbarungen

Eine Möglichkeit der praktischen Umsetzung der Mitbestimmungsrechte ist der Abschluss einer Betriebsvereinbarung zwischen Betriebsrat und Unternehmensleitung. Diese Vereinbarungen sind schriftlich abzufassen und im Betrieb auszuhängen. Sie dürfen geltenden Gesetzen und Tarifverträgen nicht widersprechen. Es gilt folgende „Abhängigkeit“:

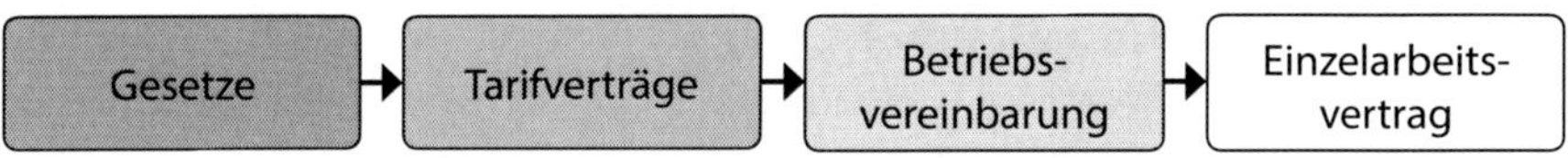

Dabei dürfen Abweichungen keine Verschlechterungen, sondern nur Verbesserungen für den einzelnen Arbeitnehmer mit sich bringen.

Wichtige Themen von Betriebsvereinbarungen sind u. a.:

- Arbeitszeitkonten
- Datenschutz
- Urlaubsregelungen
- Mehrarbeit
- Arbeitsschutz, Gesundheitsförderung
- Betriebliche Sozialleistungen
- Weiterbildung, Qualifizierung

Stellung des Betriebsrates

Das Betriebsverfassungsgesetz enthält auch genaue Bestimmungen über die Stellung des Betriebsrates:

- Das Amt des Betriebsrates ist ein Ehrenamt. Eine Entlohnung gibt es dafür nicht.
- Die Mitglieder des Betriebsrates müssen für ihre Tätigkeit angemessen von ihrer beruflichen Arbeit freigestellt werden (unter Fortzahlung des Lohnes).
- Der Arbeitgeber trägt die notwendigen Kosten (z. B. Büro, Schreibmaterial usw.).
- Betriebsratsmitglieder dürfen bei ihrer Tätigkeit nicht behindert werden oder aufgrund ihrer Tätigkeit Vor- oder Nachteile erfahren.
- Eine Kündigung von Betriebsratsmitgliedern kann nur aus wichtigem Grund erfolgen.

Mitbestimmung des Arbeitnehmers

Über die Rechte des Betriebsrates hinaus hat jeder einzelne Arbeitnehmer die Möglichkeit, direkt und unmittelbar seine Interessen im bestimmten Rahmen wahrzunehmen. Diese individuelle Mitbestimmung gilt auch für Unternehmen, die keinen Betriebsrat haben.

Abbildung 28: Mitbestimmung durch Arbeitnehmer

Informationsrechte		Äußerungsrechte		
Aktives Informationsrecht	**passives Informationsrecht**	**Anhörung**	**Beschwerden**	**Beratung**
auf Verlangen muss Auskunft gegeben werden z. B. • Zusammensetzung des Lohnes • Beurteilung der Leistung • Aufstiegschancen • Einsicht in Personalakte	unaufgeforderte Informationen über bestimmte Sachlagen z. B. • Arbeitsablauf, • Unfall- und Gesundheitsgefahren	Abgabe von Anregungen, Anträgen, Einwendungen, Stellungsnahmen	über ungerechte Behandlungen und sonstige Benachteiligungen	mit dem Arbeitgeber soziale, wirtschaftliche und personelle Fragen diskutieren

Quelle: eigene Darstellung

Jugend- und Auszubildendenvertretung (JAV)

Die Jugend- und Auszubildendenvertretung, deren Errichtung, Wahl und Aufgaben ebenfalls im Betriebsverfassungsgesetz geregelt sind, kann nicht direkt gegenüber dem Arbeitgeber tätig werden. Ansprechpartner ist der Betriebsrat. Die Jugend- und Auszubildendenvertretung ist an den Sitzungen des Betriebsrates zu beteiligen. An gemeinsamen Besprechungen des Betriebsrates mit dem Arbeitgeber, bei denen besondere Belange der Jugendlichen zur Sprache kommen, hat die gesamte Jugend- und Auszubildendenvertretung ein Teilnahmerecht.

Wahl

Die Wahl zur Jugend- und Auszubildendenvertretung findet alle zwei Jahre in der Zeit vom 1. Oktober bis 30. November statt.

- Wahlberechtigt sind alle Auszubildenden bis 25 Jahre sowie jugendliche Arbeitnehmer bis 18 Jahre.
- Gewählt werden können Auszubildende und Arbeitnehmer bis 25 Jahre.
- Die Anzahl der Jugendvertreter ist abhängig von der Anzahl der Beschäftigten unter 18 Jahren.

Aufgaben

§ 70 des Betriebsverfassungsgesetzes regelt, dass die Jugend- und Auszubildendenvertretung folgende allgemeine Aufgaben hat:

- Sie soll Maßnahmen, die den jugendlichen Arbeitnehmern dienen, beim Betriebsrat beantragen.
- Sie muss darüber wachen, dass die zugunsten der jugendlichen Arbeitnehmer geltenden Gesetze, Verordnungen, Tarifverträge, Unfallverhütungsvorschriften und Betriebsvereinbarungen eingehalten werden.
- Sie soll Anregungen von jugendlichen Arbeitnehmern, insbesondere in Fragen der Berufsbildung, entgegennehmen und, falls sie berechtigt erscheinen, beim Betriebsrat auf eine Erledigung hinwirken.

Zur Durchführung aller dieser Aufgaben ist die Jugendvertretung durch den Betriebsrat rechtzeitig und umfassend zu informieren.

Mitbestimmung im Aufsichtsrat

In größeren Unternehmen, die in Form von Kapitalgesellschaften betrieben werden, besteht neben dem Betriebsrat eine Mitbestimmung der Arbeitnehmer auf Unternehmensebene.

Sie erfasst unmittelbar die Grundentscheidungen der Unternehmenspolitik, wie z. B. die Auswahl der Unternehmensleitung und die Entscheidung über größere Investitionen. Diese Mitbestimmung findet im Aufsichtsrat eines Unternehmens statt. Heute gibt es quasi zwei Systeme einer Vertretung der Arbeitnehmer in Unternehmensorganen, die im Folgenden aufgeführt sind.

Mitbestimmungsgesetz von 1976

Gültigkeitsbereich

Dieses Mitbestimmungsmodell gilt für Unternehmen aller Wirtschaftszweige, die mehr als 2.000 Beschäftigte haben.

Aufsichtsrat

- Kapitaleigner und Arbeitnehmer stellen die gleiche Anzahl von Vertretern im Aufsichtsrat.
- Die Anzahl der Aufsichtsratsmitglieder ist abhängig von der Größe des Unternehmens.
- Der Aufsichtsratsvorsitzende muss vom Aufsichtsrat mit 2/3 Mehrheit gewählt werden. Kommt diese Mehrheit nicht zustande, wählen die Kapitaleigner in einem zweiten Wahlgang aus ihrer Mitte den Aufsichtsratsvorsitzenden. Damit Pattsituationen verhindert werden, hat der Aufsichtsratsvorsitzende bei Stimmengleichheit in einer Abstimmung zwei Stimmen.
- Besonderheit: Die Arbeitnehmervertreter im Aufsichtsrat werden nochmals unterteilt in
  - *leitende Angestellte:* werden von den leitenden Angestellten vorgeschlagen und von allen Angestellten gewählt.
  - *Arbeiter und Angestellte:* werden von den Angestellten und Arbeitern des Unternehmens vorgeschlagen und gewählt.
  - *Gewerkschafter:* werden von den Gewerkschaften vorgeschlagen und von der Belegschaft gewählt.

Abbildung 29: Mitbestimmung nach dem Betriebsverfassungsgesetz (mehr als 2000)

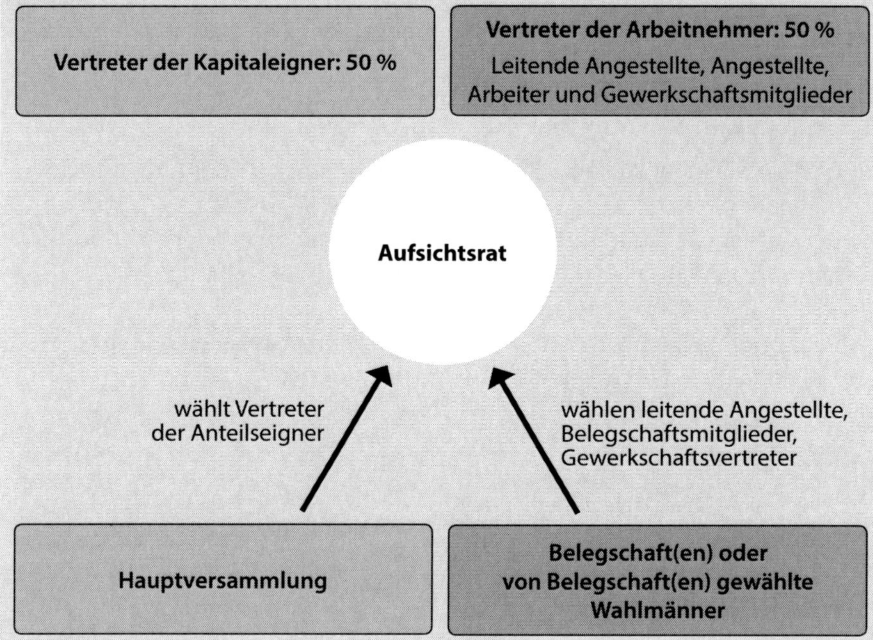

Vertreter der Kapitaleigner: 50 %

Vertreter der Arbeitnehmer: 50 %
Leitende Angestellte, Angestellte, Arbeiter und Gewerkschaftsmitglieder

Aufsichtsrat

wählt Vertreter der Anteilseigner

wählen leitende Angestellte, Belegschaftsmitglieder, Gewerkschaftsvertreter

Hauptversammlung

Belegschaft(en) oder von Belegschaft(en) gewählte Wahlmänner

Quelle: eigene Darstellung

Mitbestimmung nach dem Betriebsverfassungsgesetz

Gültigkeitsbereich

In Kapitalgesellschaften aller Wirtschaftszweige, die zwischen 500 und 2000 Beschäftigte haben, gilt das Mitbestimmungsmodell nach dem Betriebsverfassungsgesetz.

Aufsichtsrat

- Die Kapitaleigner stellen 2/3 und die Arbeitnehmer 1/3 der Aufsichtsratsmitglieder.
- Der Aufsichtsrat besteht aus mindestens drei Personen oder einer durch drei teilbaren Mitgliederzahl. Die Höchstzahl beträgt 21 Mitglieder.

Abbildung 30: Mitbestimmung nach dem Betriebsverfassungsgesetz (zwischen 500 und 2000 Mitarbeiter)

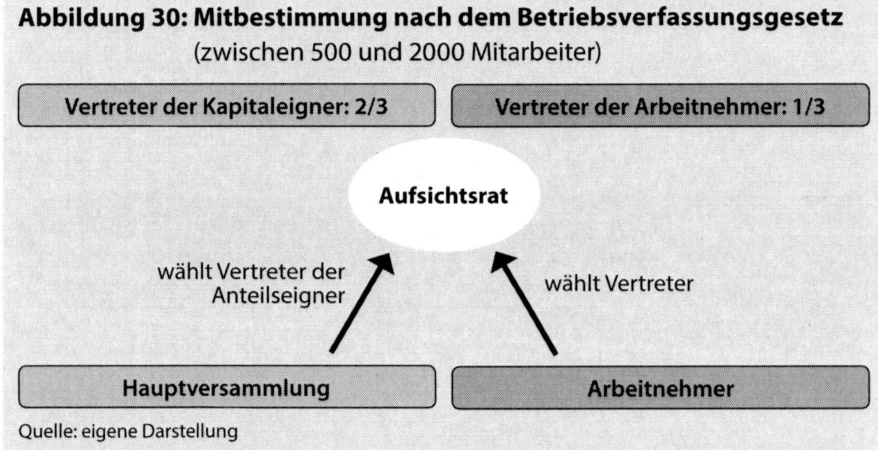

Quelle: eigene Darstellung

Gewerkschaften

Gewerkschaften sind demokratische und freiwillige Zusammenschlüsse von Arbeitnehmern zur Wahrung ihrer gemeinsamen Interessen. Sie vertreten die Interessen der lohnabhängig Beschäftigten. In ihnen organisieren sich Menschen, um die eigenen Arbeits- und Lebensbedingungen aktiv mitzugestalten und zu verbessern. Ziele sind u. a.:

- sichere Arbeitsplätze,
- mehr Mitbestimmung,
- größere soziale Sicherheit,
- gleiche Bildungschancen,
- bessere Vermögensverteilung,
- bessere Arbeitsbedingungen.

Diese Forderungen sollen verwirklicht werden durch

- **gesetzliche Regelungen,** d. h., dass die Gewerkschaften versuchen, die gesetzlichen Organe und die Regierung für ihre Vorstellungen zu gewinnen, indem sie Gesetzesvorschläge machen und für ihre Ziele in der Öffentlichkeit werben;
- **eigene Beiträge,** d. h. Gewerkschaften unterhalten eigene Bildungseinrichtungen, Freizeit- und Erholungsheime, vertreten ihre Mitglieder bei arbeits- und sozialrechtlichen Streitigkeiten, gewähren finanzielle Hilfe in Notfällen usw.
- **Tarifverträge,** d. h. Gewerkschaften verhandeln mit Arbeitgeber und Arbeitgeberverbänden.

Die größte Organisation der Arbeitnehmer ist der Deutsche Gewerkschaftsbund (DGB), der sich aus acht Einzelgewerkschaften zusammensetzt. Weitere Gewerkschaften sind der Christliche Gewerkschaftsbund (CGB) und der Deutsche Beamtenbund (DBB) und berufsspezifische Verbände (z. B. Marburger Bund für Ärzte).

Tarifverträge

Tarifverträge unterscheidet man nach den verschiedenen Kriterien:

Tarifvertragsparteien

Verbandstarifvertrag = Tarifvertrag zwischen Gewerkschaft und Arbeitgeberverband

Spitzenverbandstarifvertrag = Tarifvertrag, den Verbandsspitzen im Namen der angeschlossenen Verbände abschließen

Firmenvertrag = Tarifvertrag zwischen Gewerkschaft und einem einzelnen Arbeitgeber

Inhalt und Laufzeit (Gültigkeitsdauer)

Abbildung 31: Tarifverträge

Art	Manteltarifvertrag	Lohn- und Gehalts-rahmentarifvertrag	Lohn- und Gehalts-tarifvertrag
Laufzeit	**mehrere Jahre**	**mehrere Jahre**	**ca. 12 Monate**
Inhalt	regelt Arbeitsbedingungen: • Arbeitszeit • Mehrarbeit • Urlaub • Schutzbestimmungen für bestimmte Gruppen	regelt Tarifgruppen: • Grundsätze der leistungs- und Arbeitsbewertung • Bezeichnung der Tarifgruppen • Zuordnung der Tätigkeit zu den Tarifgruppen	regelt Löhne und Gehälter in den einzelnen Tarifgruppen

Quelle: eigene Darstellung

Der Geltungsbereich des Tarifvertrages kann in vielerlei Hinsicht eingeengt werden:

- **räumlich:** Der Tarifvertrag grenzt die Gültigkeit auf Orts-, Kreis-, Landes- oder Bundesebene ein.
- **fachlich:** Der Tarifvertrag gilt nur für bestimmte Branchen bzw. Arten von Betrieben.
- **persönlich:** Der Tarifvertrag schließt bestimmte Arbeitnehmer aus (z. B. Auszubildende).
- **zeitlich:** Der Tarifvertrag gilt für einen bestimmten Zeitraum.

Grundsätzlich gelten aber für alle Tarifverträge folgende Regeln:
Tarifautonomie: Die Tarifvertragsparteien haben das Recht innerhalb des gesetzlichen Rahmens ohne staatliche Einmischung Tarifverträge auszuhandeln (vgl. GG Art. 9).
Unabdingbarkeit: Tarifverträge enthalten Mindestbedingungen. Abweichungen vom Tarifvertrag (z. B. in einem Einzelarbeitsvertrag) sind nur dann zulässig, wenn der Arbeitnehmer bessergestellt wird.
Tarifbindung: Während der Laufzeit des Tarifvertrages sind die Vertragsparteien an die Abmachungen gebunden.
Friedenspflicht: Während der Laufzeit des Tarifvertrages dürfen keine Arbeitskampfmaßnahmen wie Streik und Aussperrung ergriffen werden. Kurze Warnstreiks sind jedoch zulässig.

Generell gelten Tarifverträge nur für die Mitglieder der Vertragsparteien. Ein Arbeitgeber könnte also mit einem Arbeitnehmer, der nicht Mitglied einer Gewerkschaft ist, Lohnvereinbarungen unter Tarif treffen. In der Regel arbeiten aber alle Arbeitnehmer, ob sie Gewerkschaftsmitglieder sind oder nicht, unter den Bedingungen, die der Tarifvertrag setzt (= Grundsatz der Gleichbehandlung).

Der/die Bundesminister/in für Arbeit und Sozialordnung kann unter bestimmten Voraussetzungen einen Tarifvertrag für allgemein verbindlich erklären. Dies bedeutet, dass er auch für nicht tarifgebundene Arbeitgeber und Arbeitnehmer Gültigkeit besitzt. In diesem Fall müssen Arbeitnehmer, die keiner Gewerkschaft angehören, zu den gleichen Bedingungen beschäftigt werden wie Gewerkschaftsmitglieder.

Um zu einem neuen Tarifvertrag zu kommen, werden Tarifverhandlungen geführt. Dabei werden solche Verhandlungen branchenbezogen geführt (z.B. für die Metallindustrie). Arbeitgeberverbände und Gewerkschaften bilden Verhandlungskommissionen. Liegen die Vorstellungen der beiden Sozialpartner sehr weit auseinander und bringen die Verhandlungen keine Annäherung der Standpunkte, so wird eine der beiden Seiten das Scheitern der Verhandlungen erklären. Nun versucht eine neutrale Person eine Einigung der beiden Tarifpartner zu erreichen. Scheitert auch dieser Versuch, endet die Friedenspflicht und mögliche Streiks können folgen.

Die „gängigsten" Streikarten sind:

Vollstreik/ Flächenstreik	Streik aller Mitarbeiter eines Wirtschaftszweiges bzw. eines Tarifgebiets.
Schwerpunktstreik	Nur die wichtigsten Betriebe eines Tarifgebiets werden bestreikt, verbunden mit der Hoffung, dass dadurch nicht bestreikte andere Betriebe nicht mehr produzieren können (z. B. aufgrund von fehlenden Produktionsteilen).
Punktstreik	Betriebsabteilungen oder Produktionsstandorte werden abwechselnd bestreikt.
Bummelstreik	Die Arbeitsleistung wird bewusst erheblich herabgesetzt („Dienst nach Vorschrift").
Warnstreik	Kurzer Streik in einem Betrieb im Zusammenhang mit laufenden Tarifverhandlungen um den Arbeitgebern die Streikbereitschaft der Arbeitnehmer zu signalisieren und somit Druck auf die Arbeitgeber auszuüben.

Im Einzelnen laufen die Tarifverhandlungen wie folgt ab:

Abbildung 32: Ablauf von Tarifverhandlungen

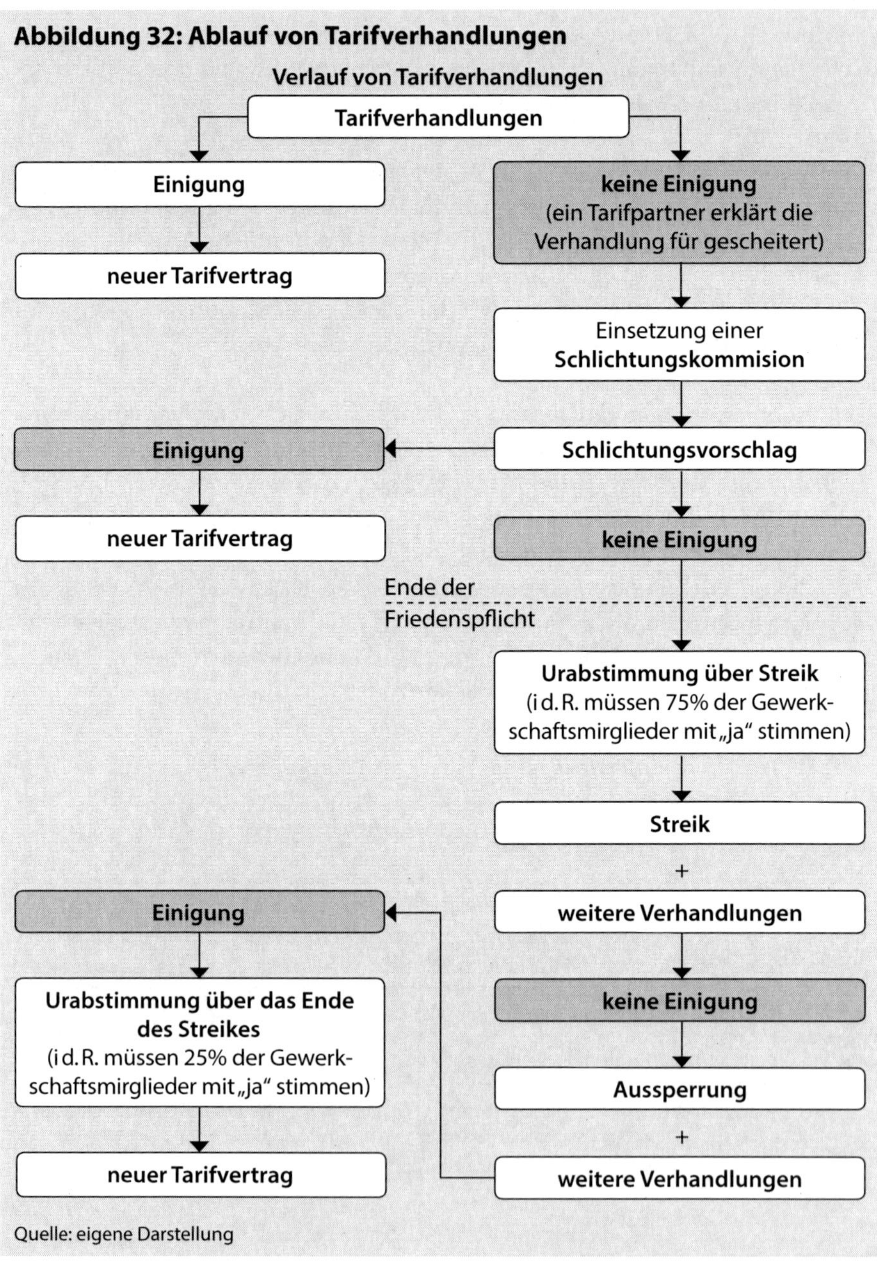

Quelle: eigene Darstellung

Schlichtung

Kommen die Tarifkommissionen der Arbeitgeber und Arbeitnehmer nicht zu einer Einigung, versucht man einen Kompromiss durch ein Schlichtungsverfahren zu erreichen. Dabei wird zunächst versucht, in einer kleinen Runde von Arbeitgeber- und Gewerkschaftsvertretern zu einer Lösung zu kommen. Häufig werden hierzu auch neutrale Schlichter (z. B. von beiden Seiten anerkannte Persönlichkeiten aus dem öffentlichen Leben) hinzugezogen. Die Schlichter machen nach eingehenden Beratungen einen Einigungsvorschlag, der aber erst dann wirksam wird, wenn beide Seiten schriftlich ihre Zustimmung erklären. Scheitert die Schlichtung, so kommt es meistens zum Arbeitskampf.

Arbeitskampf

Das wichtigste Arbeitskampfmittel der Gewerkschaften ist der **Streik**. Unter Streik versteht man die planmäßige, gemeinsame Arbeitsniederlegung einer Mehrzahl von Arbeitnehmern zur Durchsetzung ihrer Forderungen. Der *organisierte* Streik wird von dem Hauptvorstand der zuständigen Gewerkschaft beschlossen, wenn sich zuvor eine bestimmte Prozentzahl (i. d. R. 75 %) der *gewerkschaftlich organisierten* Arbeitnehmer in einer geheimen Urabstimmung für den Streik entschieden haben. Während des Streiks entfällt die Entlohnungspflicht des Arbeitgebers. Aus dem Streikfonds erhalten die streikenden Gewerkschaftsmitglieder finanzielle Unterstützung (Streikgelder). Kommt es nach den entsprechenden Verhandlungen zu einer Einigung, so gilt diese als angenommen, wenn sich wiederum eine bestimmte Prozentzahl (i. d. R. 25 %) der gewerkschaftlich organisierten Arbeitnehmer in einer erneuten Urabstimmung mit dem Ende des Streikes einverstanden erklärt.

Das Gegenmittel der Arbeitgeber im Arbeitskampf ist die **Aussperrung**. Sie ist nur zulässig zur Abwehr eines Streikes und bedeutet, dass eine Gruppe von Arbeitnehmern (Betrieb, Abteilung) planmäßig von der Arbeit unter Ausschluss der Lohnzahlung ausgeschlossen wird.

3.10 Schutzgesetze

In Deutschland gibt es Schutzgesetz für den Arbeitnehmer. Sie sollen dazu beitragen die Gesundheit und Sicherheit aller Beschäftigten zu sichern und zu verbessern. Arbeitsvorschriften legen im Einzelnen fest, welche Schutzmaßnahmen anzuwenden sind. Hält sich der Arbeitgeber nicht an die Vorschriften, muss er für Schäden, die den Arbeitnehmern dadurch entstehen, einstehen. Für unterschiedliche Berufs- und Altersgruppen gelten jeweils besondere Schutzvorschriften. Grundsätzlich unterscheidet man in folgende „Schutzbereiche“:

Abbildung 33: Arbeitsschutz

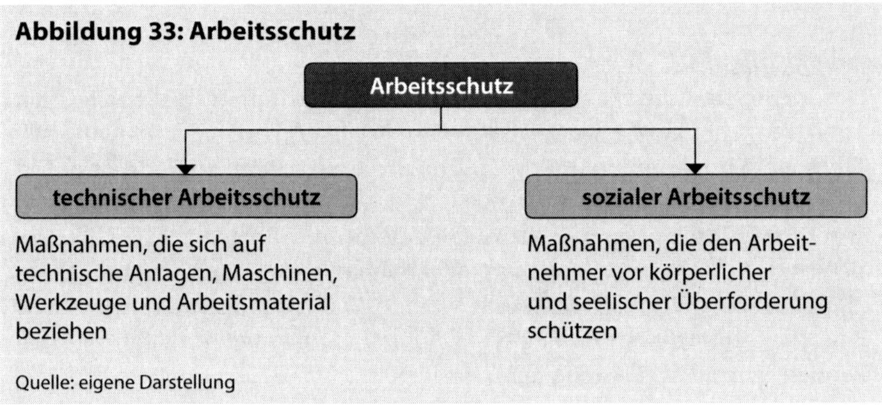

Quelle: eigene Darstellung

Technischer Arbeitsschutz

Die grundlegenden Regeln zur Vermeidung von Arbeitsunfällen und Berufskrankheiten sind in der Gewerbeordnung festgehalten, die durch zahlreiche Vorschriften ergänzt wurde.

Abbildung 34: Technischer Arbeitsschutz

Gewerbeordnung	Grundlegende Regelungen zur Unfallverhütung im Betrieb (z. B. ausreichende Beleuchtung und Belüftung)
Arbeitsstätten-verordnung	Mindestanforderungen für Arbeitsplätze, Lagerräume und Verkehrswege auf dem Betriebsgelände (z. B. Ausstattung der Wasch- und Umkleideräume)
Unfallverhütungs-vorschriften	Allgemeine Regelungen zur Einhaltung und Beachtung von Sicherheitsvorschriften (z. B. Gerätesicherheitsgesetz)
Besondere Vorschriften	Allgemeine Regelungen zum Umgang mit bestimmten Stoffen (z. B. Strahlungsgesetz)

Quelle: eigene Darstellung nach Andreas/Frank/Groß/Schreiber: Wirtschaftslehre für berufsbildende Schulen (Ausgabe Thüringen) BV1 1066, 2012, 6. Auflage)

Sozialer Arbeitsschutz

Ziel des sozialen Arbeitsschutzes ist es, den arbeitenden Menschen vor körperlicher und seelischer Überforderung zu bewahren. Dabei gelten für bestimmte, besonders gefährdete Personengruppen zusätzliche Regelungen (Jugendliche, Frauen, Mütter, Schwerbehinderte).

Jugendarbeitsschutzgesetz

Jugendliche Erwerbstätige und Auszubildende befinden sich noch in der Wachstumsphase. Sie sind körperlich weniger widerstands- und leistungsfähig als ein erwachsener Mensch. Sie müssen deshalb vor bestimmten Arbeitsbedingungen geschützt werden. Die Arbeitsbedingungen müssen daher dem Entwicklungsstand, den Fähigkeiten und Möglichkeiten jugendlicher Erwerbstätiger entsprechen.

Aus diesem Grund gelten für Erwerbstätige und Auszubildende, die das 18. Lebensjahr noch nicht vollendet haben, besondere Bestimmungen bezüglich Arbeitszeit, Freizeit und Urlaub, Art der Arbeit und gesundheitlicher Betreuung. Diese sind im Jugendarbeitsschutzgesetz geregelt.

Abbildung 35: Die wichtigsten Bestimmungen aus dem Jugendarbeitsschutzgesetz

Anwendung	Bestimmungen
Arbeitszeit	Höchstens täglich 8, in Ausnahmefällen 8,5 Stunden, wöchentlich 40 Stunden. Die Fünftagewoche ist verbindlich.
Ruhepausen	Bei 4,5 bis 6 Stunden mindestens 30 Minuten, bei mehr als 6 Arbeitsstunden mindestens 60 Minuten. Erste Pause spätestens nach 4,5 Stunden. Mindestdauer einer Pause 15 Minuten.
Freizeit	Täglich mindestens 12 Stunden. Keine Beschäftigung zwischen 20 und 6 Uhr. Ausnahmen für Jugendliche über 16 im Hotel- und Gaststättengewerbe und in Bäckereien.
Sonn- und Feiertage	Am Samstag keine Beschäftigung. Ausnahmen in Betrieben mit Samstagsarbeit, dafür Ausgleich an einem Wochentag. Beschäftigungsverbot an Sonn- und Feiertagen mit begrenzen Ausnahmen.
Urlaub	Jugendliche, deren Alter zu Beginn des Kalenderjahres unter 16 liegt: 30 Werktage; unter 17 liegt: 27 Werktage; unter 18 liegt: 25 Werktage
Beschäftigungsverbot	Arbeiten, die die Leistungsfähigkeit übersteigen (z.B. Akkord- und Fließbandarbeit mit vorgeschriebenem Arbeitstempo). Gefährliche Arbeiten (Ausnahmen bei Jugendlichen über 16 zu Ausbildungszwecken).
Berufsschulbesuch	Ein Schultag je Woche wird auf die Ausbildungs- bzw. Arbeitszeit angerechnet und vergütet. Eine Beschäftigung am Schultag ist unzulässig, wenn der Unterricht vor 9 Uhr beginnt und/oder mehr als 5 Unterrichtsstunden dauert.
Ärztliche Untersuchung	1. Untersuchung: innerhalb der letzten 14 Monate vor Antritt der Berufsausbildung. Nachuntersuchung: innerhalb der letzten 3 Monate des ersten Beschäftigungsjahres.
Prüfungen	Der Arbeitgeber hat den Jugendlichen für die Teilnahme an Prüfungen und Ausbildungsmaßnehmen, die aufgrund der vertraglichen Bestimmungen außerhalb der Ausbildungsstätte durchzuführen sind und an dem Arbeitstag, der der schriftlichen Prüfung unmittelbar vorangeht, freizustellen. Ein Entgeltausfall darf nicht eintreten.

Quelle: eigene Darstellung

Frauen- und Mutterschutz

Frauen stehen im Arbeitsleben unter besonderem Schutz. Dies gilt besonders dann, wenn sie ein Kind erwarten oder schon Kleinkinder haben und somit auf die Hilfe der Gesellschaft angewiesen sind. So haben weibliche Arbeitnehmer einen Anspruch auf längere Pausen und ihre tägliche Arbeitszeit ist auf 8,5 Stunden begrenzt. Nach dem Mutterschutzgesetz müssen Frauen bis zum Ablauf von acht Wochen nach der Geburt von der Arbeit befreit werden beziehungsweise zwölf Wochen bei Früh- und Mehrlingsgeburten. Auf Antrag sind sie auch sechs Wochen vor der Niederkunft von der Arbeit freizustellen. Außerdem kann ihnen während der Schwangerschaft nicht gekündigt werden und ihr Arbeitsplatz muss besonderen Bestimmungen gerecht werden.

Schwerbehindertenschutz

Behinderte Menschen haben es oft schwer, einen Arbeitsplatz zu finden. Außerdem benötigen sie einen besonderen Schutz an ihrer Arbeitsstelle, da sie meistens nicht so leistungsfähig wie ihre gesunden Kollegen sind. Durch das Schwerbehindertengesetz wird diesen Problemen Rechnung getragen. So haben Schwerbehinderte einen besonderen Kündigungsschutz. Außerdem hat der Gesetzgeber eine Beschäftigungspflicht der Arbeitgeber eingeführt. Ein Arbeitgeber, der über mindestens 20 anrechenbare Arbeitsplätze verfügt, hat auf wenigstens 5 Prozent der Arbeitsplätze Schwerbehinderte zu beschäftigen. Dabei sind schwerbehinderte Frauen bevorzugt zu berücksichtigen. Kommt der Arbeitgeber nicht seiner Beschäftigungspflicht nach, so hat er eine Ausgleichsabgabe zu zahlen. Die Höhe der Ausgleichsabgabe ist abhängig davon, in welchem Umfang der Arbeitgeber die Beschäftigungsquote nicht erfüllt.

Kündigung und Kündigungsschutz

Ein Arbeitsverhältnis endet durch Kündigung

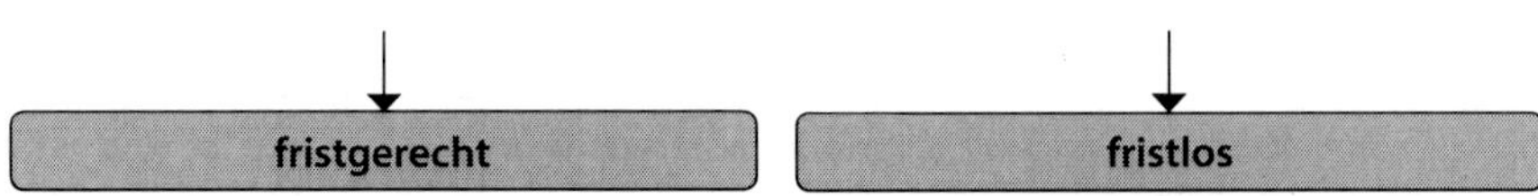

Es gelten die gesetzlichen oder tariflichen Kündigungsfristen. Wichtige Regelungen sind: Angestellte und Arbeiter: 4 Wochen zum 15. eines Monats oder zum Monatsende.

Ist von beiden Seiten möglich, wenn wichtige Gründe vorliegen, z. B.: der Arbeitgeber kann den Lohn nicht mehr bezahlen oder der Arbeitnehmer macht sich einer schweren Pflichtverletzung schuldig.

Besondere Regelungen gelten, wenn eine Probezeit vereinbart ist. In ihr können beide Seiten jederzeit ohne Angabe von Gründen das Arbeitsverhältnis beenden.

Kündigungsgründe können sein:

1) **Personenbedingte Kündigung**
   Wenn der Arbeitnehmer nicht geeignet ist, den Arbeitsvertrag zu erfüllen.
2) **Verhaltensbedingte Kündigung**
   Wenn der Arbeitnehmer durch sein Verhalten seine Pflichten gegenüber dem Arbeitgeber verletzt.
3) **Betriebsbedingte Kündigung**
   Wenn der Arbeitsplatz durch eine unternehmerische Entscheidung entfallen ist und im Betrieb kein vergleichbarer Arbeitsplatz zur Verfügung steht.

Der gesetzliche Kündigungsschutz gibt den Arbeitnehmern Sicherheit in ihrem beruflichen Leben. Eine Absicherung des Arbeitnehmers vor plötzlichem Arbeitsverlust ist durch die im BGB geregelten Kündigungsfristen und den gesetzlichen Kündigungsschutz gegeben. Dieser ist im Kündigungsschutzgesetz und im Kündigungsfristengesetz geregelt. Wichtige Bestimmungen daraus sind:

Kündigungsfristen

Angestellte und Arbeiter vier Wochen zum 15. oder zum Monatsende (neu seit 2004: der Kündigungsschutz gilt nicht in Betrieben mit weniger als zehn Mitarbeitern).

Bei langjähriger Betriebszugehörigkeit gilt ein besonderer Kündigungsschutz:

Übersicht 26: Besonderer Kündigungsschutz

	Beschäftigungszeit	Kündigungsfrist
Angestellte und Arbeiter	ab 2 Jahre	1 Monat zum Monatsende
	ab 5 Jahre	2 Monate zum Monatsende
	ab 8 Jahre	3 Monate zum Monatsende
	ab 10 Jahre	4 Monate zum Monatsende
	ab 12 Jahre	5 Monate zum Monatsende
	ab 15 Jahre	6 Monate zum Monatsende
	ab 20 Jahre	7 Monate zum Monatsende

Bei Pflichtverletzungen des Arbeitnehmers kann immer fristlos gekündigt werden.

Quelle: eigene Darstellung

Besonderer ***Kündigungsschutz*** ist für bestimmte Arbeitnehmergruppen, die besonders schutzbedürftig sind, vorgesehen. Dazu gehören:
- Betriebsratsmitglieder
- Wehrdienstleistende
- schwerbehinderte Menschen
- Schwangere
- Mütter nach der Entbindung
- Mütter und Väter, die Elternzeit in Anspruch nehmen
- Auszubildende.

Gegenüber diesen Gruppen ist eine Kündigung nur unter erschwerten Bedingungen oder überhaupt nicht zulässig. So ist eine Kündigung durch den Arbeitgeber während einer Schwangerschaft, innerhalb der ersten drei Monate nach der Entbindung, während der Elternzeit und wegen der Einberufung zum Wehr- oder Zivildienst unzulässig.

3.11 Berufe im Wandel

Wirtschaft, Politik und Gesellschaft unterliegen einem ständigen Wandel: Neue Technologien werden erfunden, neue Produkte auf den Markt gebracht, neue Gesetzte treten in Kraft. Diese Entwicklungen zeigen sich auch im Wandel der Berufe: Ganz neue Berufe werden geschaffen, mehrere bestehende Berufe zu einem zusammengelegt, ein bestehender Beruf in mehrere Berufe gesplittet.

Dies zeigt sich auch in den anerkannten Ausbildungsberufen. So gab es im Jahre 2018 insgesamt 327 anerkannte Ausbildungsberufe im Vergleich zu 1971, wo 606 Ausbildungsberufe anerkannt waren.

Quelle: https://de.statista.com/statistik/daten/studie/156901/umfrage/ausbildungsberufe-in-deutschland/aufgerufen am 25.11.2018

Was diese Zahl nach außen dokumentiert, zeigt sich aber auch in den Berufsinhalten, die sich zum Teil dramatisch verändert haben. Heute spricht man von der vierten industriellen Revolution (Industrie 4.0), deren Motor vor allem die Digitalisierung ist.

Was allerdings für die Industrie gilt, zeigt sich genauso im Handwerk, im Dienstleistungsbereich und in sozialen Berufen. Der Einsatz neuer Informationstechnologien führt zu einer grundlegenden Umstrukturierung bisheriger Arbeitsprozesse. Die neue Arbeit wird u.a. von folgenden Merkmalen bestimmt:

- Einsatz von Software und künstlicher Intelligenz
- Intensive Interaktion von Mensch und Maschine
- Vernetzung der Akteure und Arbeitsprozesse
- Zeit- und ortsunabhängiges Arbeiten
- immer kürzere Innovationszyklen

Abbildung 36: Wie sich Jobs verändern werden.

So viel Prozent der weltweiten Arbeitszeit werden heute und morgen von Maschinen verrichtet

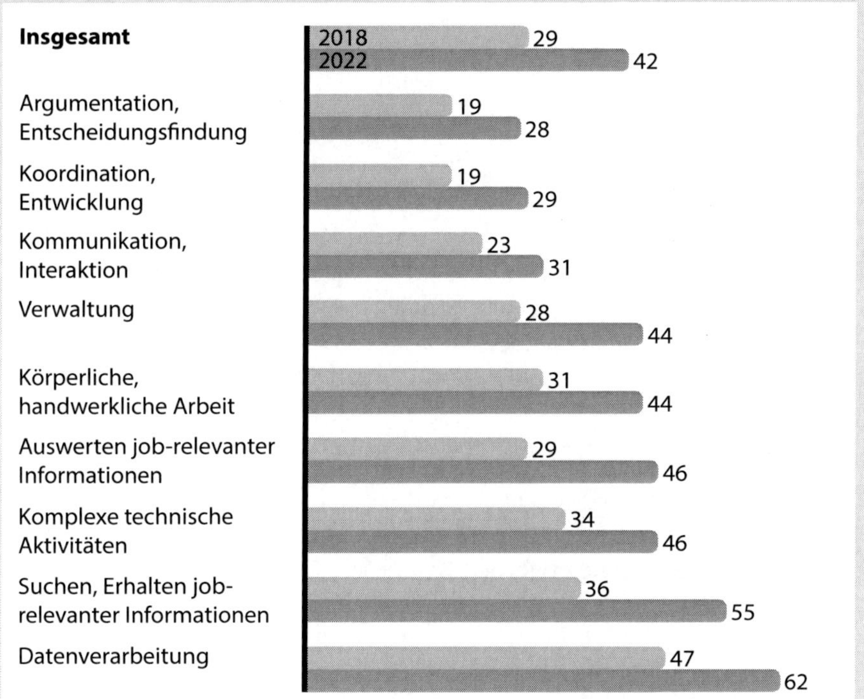

Arbeitgeberumfrage in mehr als 300 Unternehmen weltweit, die zusammen mehr als 15 Millionen Arbeitnehmer in 20 Ländern sowie 12 Branchen repräsentieren.

Quelle: eigene Darstellung nach: WEF (Future of Jobs Report 2018)

Die Veränderungen der Arbeitswelt erfordern eine dauerhafte Bereitschaft des Menschen zur Anpassung von Wissen und Fähigkeiten der Beschäftigten, von der Ausbildung bis zur Rente.
Was in Zukunft für Arbeitskräfte unabdingbar erscheint, sind

- lebenslange Lernbereitschaft
- Zuwachs an technischem Verständnis
- Web-Kompetenz
- Grundkenntnisse der Informations- und Kommunikationstechnologien
- Soft Skills
- soziale Kompetenzen im zwischenmenschlichen Miteinander

Zu den **Soft Skills** gehören sämtliche Eigenschaften, Fähigkeiten und Qualifikationen, die neben den Hard Skills berufliche und private Erfolge bestimmen. Sie betreffen persönliche Kompetenzen, soziale Kompetenzen und methodische Kompetenzen. Die persönliche bzw. personale Kompetenz betrifft den Umgang mit sich selbst.

Als **Hard Skills** werden die fachlichen Fähigkeiten bezeichnet. Diese können z. B. im Rahmen der Berufs- und Hochschulausbildung oder auch der innerbetrieblichen Ausbildung erworben werden

Abbildung 37: Der Arbeitsmarkt von morgen

Branchen, in denen die Zahl der Beschäftigten im Zeitraum von 2014 bis 2030 in Deutschland am stärksten zu- oder abnehmen wird (Prognose)

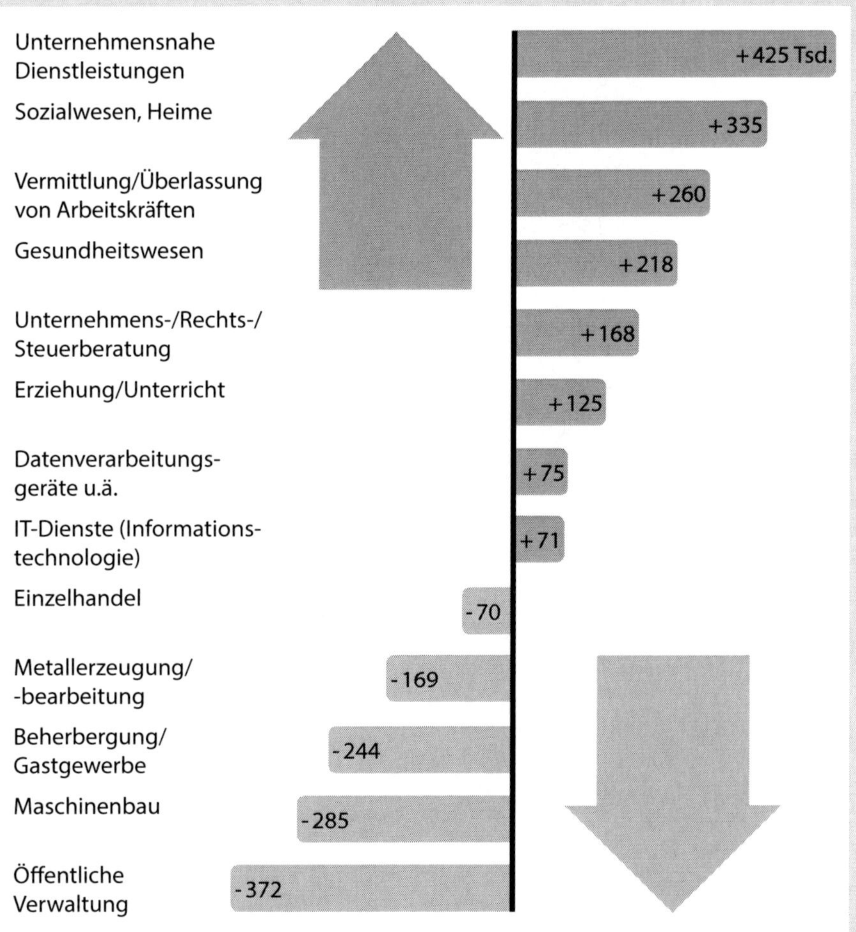

Quelle: Vogler-Ludwig u.a. (Arbeitsmarkt 2030), BMAS (Weißbuch Arbeiten 4.0)

Die Arbeitswelt befindet sich also in einem gewaltigen Wandel: Der Arbeitnehmer von morgen wird flexibler arbeiten als heute, selbstständiger, aber auch selbstverantwortlicher. Er wird in wechselnden Teams, wechselnden Projekten und für wechselnde Arbeitgeber und über nationale Grenzen hinaus (Globalisierung) arbeiten. Zusammenfassend lässt sich also feststellen, dass von den Arbeitnehmern von Morgen andere Qualifikationen und Kompetenzen erwartet werden, als dies die letzen Jahre der Fall war.

Abbildung 38: Der Arbeitnehmer von morgen

Der Arbeitnehmer von morgen …

- arbeitet verstärkt im Dienstleistungsbereich.
- ist höher qualifiziert, da viele Arbeiten von Maschinen ausgeführt werden können.
- braucht zunehmend Sozialkompetenzen (Soft Skills).
- hat mehrere Arbeitgeber und wechselt häufig sein Beschäftigungsverhältnis.
- arbeitet vernetzt mit internationalen Unternehmen in unterschiedlichen Projekten.
- verbindet Familien- und Berufsleben.
- erleidet häufiger psychische Erkrankungen aufgrund von stressigen, unsicheren Arbeitsbedingungen.
- ist selbst für seine Weiterbildung verantwortlich.
- muss sich intensiver privat um seine Alterssicherung bemühen.

Quelle: Bauer, Wilhelm/Klein, Barabara/Hoffmann, Jens u. a. (2001): Die Zukunft der Arbeit. Retting, Daniel (2008): Zukunft der Arbeit.

FRAGEN

Das Unternehmen

Reproduktion

1. Nennen Sie Aspekte, die bei einer Unternehmensgründung im Vorfeld überlegt und geplant werden müssen.
2. Beschreiben Sie, was man unter einem Businessplan versteht.
3. Jedes Unternehmen verfolgt unterschiedliche Ziele. Charakterisieren Sie, was man unter den Begriffen: Ökonomische Ziele, Soziale Ziele und ökologische Ziele versteht.
4. Im Rahmen der Unternehmensleitung kann man nach unterschiedlichen Führungsstilen vorgehen. Beschreiben Sie vier wesentliche Führungsstile.
5. Neben den Führungsstilen prägen auch verschiedene Führungstechniken die Kultur eines Unternehmens. Zählen Sie fünf verschiedene Führungstechniken auf.
6. Nennen Sie vier Grundelemente des Marketings.
7. Beschreiben Sie jeweils zwei Maßnahmen des jeweiligen Marketinggrundelementes.
8. Nennen Sie die unterschiedlichen Lohnformen.
9. Nennen Sie drei allgemeine Aufgaben des Betriebsrates.
10. Beschreiben Sie die Organe des Betriebsrates.
11. Nennen Sie Möglichkeiten der Mitbestimmung, die der einzelne Arbeitnehmer hat.
12. Nennen Sie vier Ziele von Gewerkschaften.
13. Beschreiben Sie kurz den Ablauf von Tarifverhandlungen.
14. Beschreiben Sie 5 wichtige Bestimmungen des Jugendarbeitsschutzgesetzes.

Reorganisation und Transfer

1. Bei einer Unternehmensgründung müssen verschiedene Aspekte im Vorfeld überlegt werden. Bringen Sie die unterschiedlichen Aspekte in eine sinnvolle Reihenfolge. Begründen Sie Ihre Entscheidung.
2. Erklären Sie die Begriffe „Shareholder-Value“ und „Stakeholder-Value“.

3. Erklären Sie, was man unter „Betrieblichen Produktionsfaktoren" versteht. Gehen Sie dabei auch näher auf die Unterschiede zwischen elementaren und dispositive Faktoren ein.
4. Wenn es um die Beschaffung von Materialien geht, unterscheidet man in „Outsourcing„ und „Just-in-Time". Erläutern Sie die beiden Begriffe an einem konkreten Beispiel.
5. Ein Unternehmen kann nach unterschiedlichen Rechtsformen arbeiten. Erklären Sie kurz die Begriffe Einzelunternehmen, Personengesellschaft, Kapitalgesellschaft und Genossenschaft.
6. Ein Unternehmen kann unterschiedlich organisiert sein. Dabei unterscheidet man in der einfachsten Organisationsstruktur verschiedene Sparten. Nennen Sie solche Sparten und erklären Sie, warum eine Organisation an Hand dieser Sparten sinnvoll sein kann.
7. Erklären Sie den Begriff „Assessment-Center".
8. In einem Unternehmen fallen unterschiedliche Kosten an. Erklären Sie die Begriffe „Fixkosten, Variable Kosten, Einzelkosten und Gemeinkosten".
9. Bei der Finanzierung eines Unternehmens tauchen immer wieder die Begriffe „Leasing„ und „Crowd Founding„ auf. Erläutern Sie diese.
10. Erklären Sie den Begriff „Bilanz„. Erläutern Sie dabei auch die Begriffe „Passiva" und „Aktiva".
11. Vergleichen Sie GuV und Cashflow-Rechnung.
12. Stellen Sie die Grundaufgabe des Marketings dar.
13. Erklären SIe, was man unter dem Begriff „negatives Marketing" versteht.
14. Erläutern Sie den Begriff „Corporate Identity".
15. Erklären SIe den Begriff „Corporate Social Responsibility"?
16. Begründen Sie, warum sich für folgende Produkte ein bestimmter Fertigungstyp eignet: Auto, Nagel, Villa.
17. Die Unternehmensleitung kennt unterschiedliche Führungsstile. Welcher der Führungsstile ist Ihrer Meinung nach der beste? Begründen Sie Ihre Meinung.
18. Eine gängige Führungstechnik ist heute das „Management by Objectives". Beschreiben Sie mithilfe eines konkreten Beispiels diese Führungstechnik und legen Sie dabei die Vor- bzw. die möglichen Nachteile dar.
19. Erläutern Sie, was es bedeutet, wenn Börsenwert und Buchwert eines Unternehmens stark voneinander abweichen?
20. Erläutern Sie die unterschiedlichen Möglichkeiten der Mitbestimmung des Betriebsrates.

21. Erläutern Sie die Wahl und die Aufgaben einer Jugend- und Auszubildendenvertretung.
22. Erklären Sie die unterschiedlichen Tarifverträge.
23. Stellen Sie drei Arten des Streiks dar.
24. Analysieren Sie die Begriffe „Soft Skills" und „Hard Skills".

Reflexion und Problemlösung

1. Sie gründen ein Unternehmen und müssen sich für entsprechende Ziele entscheiden. Beurteilen Sie, ob ökonomische, soziale und ökologische Ziele gleichberechtigt nebeneinander existieren können oder ob man sich für eine Reihenfolge entscheiden muss bzw. klare Prioritäten setzen muss.
2. Beurteilen Sie die Vor-bzw. Nachteile der einzelnen Unternehmensformen.
3. „Just-in-Time„ ist eine gängige Form der Beschaffung in Unternehmen. Bewerten Sie die unterschiedlichen Vor- und Nachteile dieser Beschaffungsform.
4. Durch die Bilanzsumme eines Unternehmens lässt sich dessen Wert feststellen (sog. Buchwert). Demgegenüber steht die Bestimmung des Unternehmenswertes anhand aktuellem Kurs und Anzahl der in Umlauf befindlichen Aktien (sog. Börsenwert). Beurteilen Sie die Bedeutung der beiden Arten der Unternehmensbewertung für unterschiedliche Interessensgruppen.
5. Beurteilen Sie, ob es den Unternehmen vorzuwerfen ist, greenwashing zu betreiben.
6. Bewerten Sie, welche Rolle Ihrer Meinung nach das Marketing in einem Unternehmen spielt. Ist es aus Ihrer Sicht gerechtfertigt, dass immense Summen für das Marketing ausgegeben werden?
7. Erörtern Sie, welches der vier Grundelemente des Marketings aus Ihrer Sicht das wichtigste ist.
8. Beurteilen Sie, ob die propagierte „Corporate Identity„ eines Unternehmens tatsächlich von großer Bedeutung ist. Belegen Sie Ihre Antwort an einem konkreten Beispiel.
9. Sie wollen ein Unternehmen gründen. Erörtern Sie, ob Sie sich auf eine Finanzierung über „Crowd Founding„ einlassen würden, oder doch lieber den klassischen Weg über eine Bankenfinanzierung wählen würden.

10. Das Marketing eines Unternehmens unterliegt in Zukunft großen Herausforderungen. Erörtern Sie, welche Herausforderung Sie im Bereich „Digitalisierung" für das Marketing sehen. Zeigen Sie dabei auch mögliche Risiken auf.
11. Erstellen Sie einen Businessplan für ein von Ihnen erdachtes Unternehmen mit dem Sie vor einem potentiellen Investor möglichst überzeugend auftreten können.
12. Bewerten Sie, welche der möglichen Lohnformen für Sie die wünschenswerteste ist.
13. Erörtern Sie, ob Sie sich in den Betriebsrat bzw. die Jugend- und Auszubildendenvertretung wählen lassen würden.
14. Erörtern Sie, ob Sie einer Gewerkschaft beitreten würden.
15. Beurteilen Sie die Arbeit von Gewerkschaften.
16. Beurteilen Sie die Tatsache, dass der Gesetzgeber besondere rechtliche Regelungen (Schutzgesetze) für bestimmte gesellschaftliche Gruppen (z. B. Frauen, Mütter etc.) erlassen hat.
17. Wie beurteilen Sie die rasante Veränderung der Arbeitswelt bezüglich Ausbildung und Anforderungen? Sehen Sie darin für sich persönlich eher einen Vorteil oder einen Nachteil?
18. Gestalten Sie ein Streitgespräch zwischen einem Betriebsratsvorsitzenden und einem Geschäftsführer eines Unternehmens. Der Geschäftsführer möchte aus Gründen des Kostendrucks die Produktion ins Ausland verlagern, der Betriebsrat die Arbeitsplätze erhalten.

4. Finanzsektor

4.1 Das Bankensystem in Deutschland

Das Bankensystem in Deutschland ist ein Universalbankensystem, d. h. dass die Kreditinstitute verschiedene Bankleistungen anbieten (z. B. Sparen, Kredite, Vermögensbildung etc.).
Grundsätzlich unterscheidet man in Deutschland drei Hauptgruppen:
- öffentlich-rechtliche Kreditinstitute
- Genossenschaftsbanken
- Privatbanken

Zu den öffentlich-rechtlichen Kreditinstituten zählen die Sparkassen und Landesbanken. Ihre Eigentümer sind öffentlich-rechtliche Träger, also Gemeinden, Kreise oder Länder. Das Geschäftsgebiet einer Sparkasse ist auf das Gebiet ihres Trägers begrenzt, sie sind also rein regional tätig. Ihr Aufgabenschwerpunkt ist die Förderung von Sparen und Vermögensbildung sowie die Kreditversorgung. Die DekaBank Deutsche Girozentrale fungiert als zentrale Vermögensverwaltung der deutschen Sparkassen-Finanzgruppe und bietet verschiedene Investmentfonds (siehe dazu auch das Thema „Börse"). Die von einzelnen oder mehreren Bundesländern getragenen Landesbanken, zum Beispiel die Bayerische Landesbank, erfüllen für die angeschlossenen Sparkassen weitere Funktionen, die die Sparkassen aufgrund ihrer Größe nicht selbst anbieten können. Das sind zum Beispiel Wertpapiergeschäfte, internationaler Zahlungsverkehr oder die Organisation von größeren Krediten. Die Produkte der Landesbanken werden von den angeschlossenen Sparkassen vertrieben.

Eine weitere Gruppe bilden die Genossenschaftsbanken (z. B. Volksbanken und Raiffeisenbanken). Bei den Genossenschaftsbanken sind über die Hälfte ihrer rund 30 Millionen Kunden gleichzeitig auch Mitglieder; sie haben Genossenschaftsanteile bei ihrer Bank erworben. Mit einer Mitgliedschaft werden die Kunden zu Teilhabern des Kreditinstituts – zu so genannten Anteilseignern. Die Genossenschaftsbanken sind regional ausgerichtet. Das Hauptgeschäft der Genossenschaftsbanken liegt im Privatkunden- und Firmenkundengeschäft. Ähnlich wie die Landesbanken im Sparkassensektor fungiert hier die DZ Bank als Zentralinstitut und ermöglicht den Genossenschaftsbanken die Abwicklung des Auslandsgeschäfts, die Bereitstellung von Kapitalmarktprodukten, die Betreuung größerer Firmenkunden und die Risikoteilung im Kreditgeschäft.

Die Gruppe der Privatbanken umfasst die Großbanken, die Zweigstellen ausländischer Banken sowie einige private Regionalbanken und sonstige Kreditbanken. Zu den Großbanken gehören heute die Deutsche Bank (einschließlich der Marke Postbank), die Commerzbank und UniCredit Bank. Diese Großbanken sind in der Rechtsform einer Aktiengesellschaft organisiert, bedienen den deutschen Raum und sind in ihren Geschäftsaktivitäten zum Teil auch international ausgerichtet.

Neben den aufgeführten Universalbanken in Deutschland gibt es Spezialbanken, die nur eine oder sehr spezielle Bankleistungen anbieten. Hierzu zählen z. B. die Bausparkassen. Eine Sonderrolle übernehmen die Förderkreditinstitute des Bundes und der Länder, beispielsweise die KfW-Bankengruppe, die über die Hausbanken Förderprogramme für Privatpersonen und Unternehmen, insbesondere für Investitionen in Technologien, für den Hausbau oder im Umweltschutz, anbietet. Sowohl die Universalbanken als auch die Spezialbanken (mit Ausnahme der Förderkreditinstitute) treten als Wirtschafts- und Dienstleistungsunternehmen auf und stehen in direktem Geschäftskontakt mit ihren Kunden. Daher werden sie ebenfalls als Geschäftsbanken bezeichnet.

Neben den Geschäftsbanken zählt auch die Deutsche Bundesbank zum deutschen Bankensystem. Bis Ende 1998 war sie als bundesdeutsche Zentralbank für alle geldpolitischen Entscheidungen und die Stabilität der Währung verantwortlich. Seither ist die Bundesbank Teil des Europäischen Systems der Zentralbanken (ESZB) und des Eurosystems (vgl. dazu Kap. 6.2, S. 163 ff.) Auch im Eurosystem ist es das vorrangige Ziel, die Gewährleistung der Preisstabilität, das heißt den Wert des Euros, zu sichern. Gemeinsam mit der Bundesanstalt für Finanzdienstleistungsaufsicht (BaFin) kommt der Deutschen Bundesbank im nationalen Bereich auch die wichtige Rolle der Bankenaufsicht zu.

Quelle: https://www.jugend-und-finanzen.de/alle/finanzthemen/wirtschaft-und-banken/das-bankensystem-in-deutschland vom 27.5.2021, Bundesverband der Deutschen Volksbanken und Raiffeisenbanken e. V. (BVR), Schellingstraße 4, 10785 Berlin, Redaktionelle Gesamtverantwortung: Melanie Schmergal, Gruppenleiterin Presse/Kommunikation, presse@bvr.de

Zusammenfassend lassen sich also folgende Aufgaben für Banken festhalten:

- Annahme und Verwahrung von Spareinlagen
- Vergabe von Krediten
- Übernahme von Garantien und Bürgschaften
- Realisierung des bargeldlosen Zahlungsverkehrs
- Kundenberatung zu Finanzfragen
- Verwahrung, Verwaltung sowie An- und Verkauf von Vermögenswerten im Auftrag ihrer Kunden

4.2 Börse

Eine besondere Rolle als „Markt" spielt die Börse. Auch hier treffen Anbieter und Nachfrager aufeinander. Allerdings findet in der Regel der Handel nicht direkt zwischen Verkäufer und Käufer statt, sondern durch dazu berechtigte Händler (Makler).

Im Allgemeinen ist mit der Börse die Wertpapierbörse gemeint, an der Anleihen, Devisen, Aktien und andere Wertpapiere gehandelt werden. Allerdings gibt es auch sogenannte Warenbörsen, deren Gegenstand der Handel von z. B. Edelmetallen, Kaffee und Ähnlichem ist.

Mit ihren Funktionen und grundsätzlichen Bedingungen entspricht die Börse fast einem vollkommenen Markt (vgl. dazu S. 16).

Funktionen der Börse

- **Marktfunktion**

Eine der wichtigsten Funktionen der Börse besteht darin für Anbieter und Nachfrager einen Ort zu bieten, an dem die entsprechenden „Werte" gehandelt werden. Ohne diesen Ort müssten z. B. Unternehmen als Anbieter und Personen als Käufer direkt miteinander verhandeln, was einen immensen Zeitaufwand bedeuten würde (z. B. Informationsbeschaffung etc.).

- **Mobilisierungsfunktion**

Hier ist die Möglichkeit für Unternehmen gegeben, sich Geld zu beschaffen, das dann wieder investiert werden kann. Da hier auch der Normalbürger mit geringeren Beträgen handeln kann, kommen für die Unternehmen in der Regel Summen zusammen, die die notwendigen Investitionen ermöglichen.

- **Bewertungsfunktion**
Mittels des Handels (Angebot und Nachfrage) findet auch laufend eine Bewertung der entsprechenden Unternehmen statt. Dies lässt sich an dem entsprechenden Kurs festmachen.
- **Substitutionsfunktion**
Durch diese Funktion der Börse ist gewährleistet, dass Wertpapiere zu jeder Zeit vom Verkäufer verkauft und auf den Käufer als neuen Inhaber übertragen werden können.

Das, was an der Börse gehandelt wird, teilt man in unterschiedliche „**Anlageklassen**" ein.

Eine Anlageklasse fasst eine Gruppe von Investitions- oder Anlagemöglichkeiten am Kapitalmarkt nach bestimmten Kriterien zusammen. Aktien, festverzinsliche Wertpapiere etc. zählen zu den üblichen Anlageklassen genauso wie Derivate oder Fonds.

Im Folgenden sind einige wenige Anlagemöglichkeiten aufgeführt:
Aktien sind der bekannteste Wertpapiertyp. Eine Aktie ist eine Urkunde, die ihrem Eigentümer einen Anteil am Gesamtvermögen eines Unternehmens (Aktiengesellschaft/AG) und bestimmte Unternehmensrechte bestätigt. Der Inhaber einer Aktie, der so genannte Aktionär, wird Teilhaber am Aktienkapital und damit Mitinhaber des Unternehmenvermögens. Wer im Besitz einer Aktie ist, übernimmt ein finanzielles Risiko und ist somit unmittelbar am Gewinn oder auch am Verlust einer AG beteiligt.

Festverzinsliche Wertpapiere sind z.B. Anleihen (d.h. der Besitzer leiht Staaten oder Firmen Geld und erhält dafür Zinsen, vergleichbar mit einem Kredit), die während ihrer gesamten Laufzeit zu einem vereinbarten festen Satz verzinst und an einem festgelegten Termin zurückgezahlt werden.

Bei **Derivaten** handelt es sich um spekulative Verträge, die an die Wertentwicklung von anderen Produkten geknüpft sind und meistens eine feste Laufzeit haben. Ein Derivat (vom Lateinischen „derivare" = ableiten) ist also quasi wie eine „Wette". Der Basiswert kann dabei praktisch jedes andere Anlageprodukt sein. So haben zum Beispiel Goldderivate den Basiswert Gold und wenn nun der Wert des Goldes steigt, macht man Gewinn, verliert Gold an Wert, macht man Verlust.

Fonds bzw. **Investmentfonds** sind vergleichbar mit einem Topf, in den viele Anleger Geld einzahlen. Das Geld wird dann in Wertpapiere etc. investiert. Ziel ist es dabei, dass am Ende jeder aus dem Topf mehr Geld bekommt, als er eingezahlt hat. Dabei ist der Begriff Fonds bzw. Investmentfonds ein Sammelbegriff für verschiedene Fondsarten, die Geld mit unterschiedlichen Schwerpunkten und/oder Strategien investieren. So gibt es z.B. Aktienfonds, Immobilienfonds, Geldmarktfonds, Mischfonds usw.

Eine **Option** ist ein Finanzinstrument, das dem Käufer das Recht – jedoch nicht die Pflicht – bietet, einen Vermögenswert zu kaufen oder zu verkaufen. Im Vertragsangebot ist der Preis und die Menge der angebotenen Ware festgehalten. Beispiel: Ich möchte mein Auto verkaufen. Ich finde einen Käufer, der allerdings den Wagen erst in 6 Monaten kaufen will. Damit beide (Verkäufer und Käufer) sicher sind, wird nun eine „Option" ausgestellt, in der der Preis des Wagens und der Zeitpunkt des Kaufes fixiert sind. Für diese Option zahlt der Käufer eine „Prämie". Folge: Der Käufer ist sicher, dass er den Wagen in 6 Monaten für den vereinbarten Preis bekommt, allerdings muss er ihn nicht kaufen. Der Verkäufer ist sicher, dass der Wagen in 6 Monaten verkauft ist, und wenn der Käufer von seiner Option keinen Gebrauch macht, dann hat er auf jeden Fall die Prämie und kann den Wagen erneut zum Kauf anbieten.

4.3 Zentralbanken und Währungssystem

Eine Zentralbank ist keine Geschäftsbank, d.h. eine einzelne Person kann bei einer Zentralbank kein Konto eröffnen oder einen Kredit beantragen. Laut Europäischer Zentralbank ist „eine Zentralbank eine öffentliche Institution, die die Währung eines Landes oder einer Gruppe von Ländern verwaltet und die Geldmenge steuert – im wahrsten Sinne des Wortes die Geldmenge, die im Umlauf ist. Hauptziel vieler Zentralbanken ist die Preisstabilität. In einigen Ländern sind Zentralbanken auch gesetzlich verpflichtet, die Vollbeschäftigung zu unterstützen".

Zentralbanken sind somit für die gesamte Wirtschaft von entscheidender Bedeutung, da sie auch das Wirtschaftswachstum oder die Beschäftigung fördern können.

Um ihre Ziele und Aufgaben zu erfüllen, steht der Notenbank eine Reihe von Instrumentarien (im Wesentlichen die Steuerung des Leitzinses und der Mindestreserve) zur Verfügung, die die verschiedenen Zentralbanken in unterschiedlichen Intensitäten einsetzen. Diese sind jedoch nicht die einzigen Instrumente, die von den Zentralbanken genutzt werden können. Nach der Finanzkrise 2008/09 hat sich das Zentralbankwesen weiterentwickelt und es wurden viele außergewöhnliche Maßnahmen eingeführt. Eine Zentralbank kann Staatsanleihen kaufen oder privaten Institutionen Geld leihen, das benötigt wird, um das Kreditwachstum anzutreiben. Darüber hinaus kann sie auch andere Vermögenswerte von Banken kaufen, um zu verhindern, dass sie in Konkurs gehen.

Leitzins = Zinssatz, den die Geschäftsbanken gegenüber der Zentralbank zahlen müssen. Seine Höhe wirkt sich auf das allgemeine Zinsniveau am Markt aus, da die Geschäftsbanken ihn an die Kunden (Haushalte und Unternehmen) weiterreichen. Somit kann die Zentralbank über die Veränderung des Leitzinses Einfluss auf die im Umlauf befindliche Geldmenge nehmen und damit Inflations-/Deflationspolitik betreiben.

Man kann also festhalten, dass Zentralbanken wichtige Marktteilnehmer sind, die den Trend des Marktes bestimmen können. Hier sind vor allem 4 Zentralbanken zu nennen:

Europäische Zentralbank

Die Europäische Zentralbank (EZB) ist die Zentralbank der Europäischen Währungsunion. Sie ist die Zentralbank der 19 Länder der Europäischen Union, die den Euro eingeführt haben. Die Hauptaufgabe der EZB besteht darin, die Preisstabilität in der Eurozone zu gewährleisten und damit die Kaufkraft der Einheitswährung zu erhalten (vgl. dazu S. 165)

Federal Reserve

Die Federal Reserve ist die Zentralbank der Vereinigten Staaten von Amerika. Das Federal Open Market Committee (FOMC) ist zuständig für die Finanzmärkte. Das FOMC hält jährlich acht ordentliche Sitzungen ab. In diesen Sitzungen prüft der Ausschuss die wirtschaftlichen und finanziellen Bedingungen, legt den angemessenen geldpolitischen Kurs fest und beurteilt die Risiken für die langfristigen Ziele der Preisstabilität und des Wirtschaftswachstums.

Bank of England

Die Bank of England (BoE) ist die Zentralbank des gesamten Vereinigten Königreichs. Ihr Hauptziel ist die Wahrung der Preisstabilität, aber nach dem Brexit-Votum änderte die BoE ihre Haltung und unterstützt nun auch das Wirtschaftswachstum. Die geldpolitischen Entscheidungen werden vom achtmal jährlich tagenden Monetary Policy Committee getroffen.

Bank of Japan

Die Hauptaufgabe der Zentralbank Japans besteht darin, die Preisstabilität zu wahren. Die Mitglieder der Bank of Japan treffen sich 8 mal im Jahr, um über die Richtung der Geldpolitik zu entscheiden.

Somit haben die Zentralbanken auch einen wesentlichen Einfluss auf das jeweilige Währungssystem.

Unter einem Währungssystem versteht man den gesamten Rahmen, den eine Währung umschließt: z. B. Wechselkurssystem, Währungsreserven oder Geld- und Währungspolitik.

Bei den Wechselkurssystemen (diese bezeichnen die Art und Weise, wie sich ein Wechselkurs, also die Tauschrelation zwischen zwei Währungen, bildet) wird generell unterschieden zwischen Systemen **fixer („fester")** und **flexibler („freier"**) Wechselkurse. Bei vollkommen fixen Wechselkursen legt die Regierung den Wechselkurs für eine Währung gegenüber einer anderen Währung fest. Bei dem vollkommen flexiblen Wechselkurs ergibt sich dieser über Transaktionen (Angebot und Nachfrage) an den Devisenmärkten.

Beide Systeme bringen einige Vorteile mit, haben jedoch auch Nachteile, so dass weder das eine noch das andere System als perfekt angesehen werden kann.

Übersicht 27: Fixer und flexibler Wechselkurs

Fixer Wechselkurs

Vorteile	Nachteile
Kalkulierbarkeit der Kurse	Verzicht der autonomen Geldpolitik
Stabilität der Kurse	Einschränkung der Handlungsfreiheit
Niedrigere Transaktionskosten	Aufkeimende Spekulationen

Flexibler Wechselkurs

Vorteile	Nachteile
Eigenständigkeit der Geldpolitik	Unsicherheit des Wechselkurses
Völlige Kontrolle über die Geldpolitik	Unvorhersehbarkeit des Wechselkurses
Kontrolle über die Geldmengenentwicklung	Geldpolitik schwer zu beeinflussen

Quelle: eigene Darstellung; https://www.rechnungswesen-verstehen.de/bwl-vwl/vwl/flexible-und-fixe-wechselkurse.php vom 26.5.2022

So liegen die Vorteile des Systems fixer Wechselkurse vor allem in der Vorhersehbarkeit und der Kalkulierbarkeit bzw. der Stabilität des Kurses. Darüber hinaus sind die niedrigeren Transaktionskosten und die Glaubwürdigkeit in das System der Makroökonomie als weitere Vorteile zu werten.

Ein wesentlicher Nachteil ist vor allem der Verzicht der autonomen Geldpolitik des Landes. Die Fiskalpolitik alleine kann die Konjunktur nicht in dem Maße beeinflussen, wie es die Geldpolitik kann, wodurch ein wichtiges Instrument wegfällt. Weitere Nachteile sind die Einschränkungen in die Handlungsfreiheit, die aufkeimenden Spekulationen und die importierte Inflation.

Der größte Vorteil des Systems flexibler Wechselkurse besteht in der Eigenständigkeit der Geldpolitik im eigenen Land. Die besseren und weitreichenderen Möglichkeiten zum Eingriff bei dringlichen Situationen sind dadurch gegeben. Zentralbanken haben die völlige Kontrolle über die Geldpolitik und über die Geldmengenentwicklung im eigenen Land, da die Interventionspflichten wegfallen. Trotzdem kann die Zentralbank bei Missständen wie z. B. erhöhter Inflation noch regulierend eingreifen.

Die größten Nachteile des Systems mit flexiblen Wechselkursen sind sicherlich die Unsicherheit und die Unvorhersehbarkeit. Außerdem ist die Geldpolitik äußerst schwer zu beeinflussen, da die Problematik besteht, dass die Maßnahmen nicht greifen oder gar weitere Folgekosten verursachen.

4.4 Wirtschafts- und Finanzkrisen

Als Wirtschaftskrise bezeichnet man die Phase einer deutlich negativen Entwicklung des Wirtschaftswachstums. Es sind somit Störungen im fortlaufenden Prozess der Produktion und des Konsums. In der Konjunkturtheorie markieren Wirtschaftskrisen die Wendepunkte der periodischen Wachstumszyklen mit Rezession und Depression (vgl. dazu Kap. 5.6, S. 150 ff.). Eine Wirtschaftskrise kann einzelne Bereiche betreffen (z. B. Agrarkrise, Immobilienkrise etc.) oder aber die gesamte Wirtschaft eines Staates.

Waren früher Kriege und Naturkatastrophen die Ursache solcher Krisen, sind dies heute immer häufiger Spekulationen und Finanzgeschäfte. Als Beispiel sei hier die Immobilienkrise 2007 in den USA genannt: Die Preise für Immobilien sanken drastisch, viele Menschen konnten ihre Kredite nicht zurückzahlen, was wiederum dazu führte, dass viele Banken in Schwierigkeiten gerieten. Die bekannteste war Lehman Brothers, die in Folge insolvent ging.

Ursachen für eine Wirtschaftskrise können vielfältig sein, einen singulären konkreten Aspekt als Auslöser gibt es aber nicht. Dazu zählen z. B.:

- gewagte und überhitze Spekulationen (z. B. Immobilienkrise in den USA)
- Betrug an der Börse (z. B. falsche Bilanzen)
- Fehlinvestitionen bzw. ausbleibende Investitionen (Dotcom-Blase Anfang 2000: betraf insbesondere die Unternehmen der New Economy und führte zu Vermögensverlusten für Anleger)
- Corona (sogenannter externer Schock, der eigentlich nichts mit der Wirtschaft zu tun hat, sich aber auch auf diese auswirkt)
- Kriege, wie z. B. der Ukrainekrieg, in deren Folge Energie-, Lebensmittel (Weizen)- oder auch Zulieferprobleme (Kabelstränge für Autos) entstehen.

Die Auswirkungen einer Wirtschaftskrise sind für den Bürger relativ schnell erkennbar:

- hohe Zahl von Insolvenzen
- hohe Zahl von Entlassungen (auch bei größeren Konzernen)
- Geldwertveränderungen bei Löhnen und Preisen (Inflation/Deflation)
- Kursstürze an den Kapitalmärkten (Verlust der eigenen Anlagen)

Um einer Wirtschaftskrise gegenzusteuern, sind Zentralbanken und der Staat gefordert. So können Zentralbanken den Leitzins senken, damit vor allem kleine und mittelständische Unternehmen an günstige Kredite kommen. Der

Staat kann Konjunkturprogramme auflegen, die die Wirtschaft wieder ankurbeln. Auch das Instrument des „Rettungsschirms“ (vgl. Kap. 6.2, S. 170 f.) ist denkbar. Grundsätzlich sind es staatliche Regularien, die Krisen (wie z. B. Immobilienkrise) verhindern sollen.

Unter einer Finanzkrise versteht man ein Marktversagen, bei dem es zu einer erheblichen Verschlechterung der Finanzmarktbedingungen und zu einem starken Vertrauensverlust kommt.

Finanzmarkt ist der Oberbegriff für alle Märkte, auf denen Handel mit Kapital stattfindet. Er gliedert sich einerseits in nationale und internationale Finanzmärkte und andererseits, abhängig vom Gegenstand der gehandelten Finanzmittel, in Geldmarkt, Kredit- und Kapitalmärkte und Devisenmarkt.

Aus einer Finanzkrise kann relativ schnell auch eine Wirtschaftskrise werden.

Von einer Finanzkrise spricht man, wenn folgende Aspekte auftreten:
- plötzlich auftretende Vermögensverluste aufgrund eines rasanten Preisverfalls (z. B. bei Immobilien, Wertpapieren, Rohstoffen)
- Zahlungsunfähigkeit mehrere Unternehmen der Finanzwirtschaft oder anderer Branchen und damit möglicher Zusammenbruch von Unternehmen
- Beeinträchtigung der wirtschaftlichen Aktivität

Über die Ursachen einer Finanzkrise streiten die Fachleute, sind sich aber einig, dass die folgenden Anzeichen auf eine mögliche Finanzkrise hindeuten:
- hohe Inflation
- zunehmende Arbeitslosigkeit
- stagnierende Löhne
- zunehmender Anteil an kreditfinanzierten Investitionen
- stark fallende Preise in bestimmten Branchen (Hinweis auf das Platzen einer Blase)

Allerdings lässt sich aus den aufgeführten Aspekten kein konkreter Zeitrahmen für das „Erscheinen“ einer Finanzkrise ableiten, da sie durchaus über Jahre hinweg auftauchen können. So sollten die genannten Punkte allenfalls als „Warnsignal“ verstanden werden.

FRAGEN

Finanzsektor

Reproduktion

1. Nennen Sie die drei Hauptgruppen von Banken in Deutschland.
2. Beschreiben Sie die drei Hauptgruppen von Banken in Deutschland.
3. Charakterisieren Sie die Deutsche Bundesbank.
4. Beschreiben Sie 4 allgemeine Aufgaben von Banken.
5. Beschreiben Sie die Funktionen einer Börse.
6. Arbeiten Sie heraus, warum die Zentralbanken für die gesamte Wirtschaft von entscheidender Bedeutung sind.
7. Beschreiben Sie 4 Zentralbanken.
8. Bei den Wechselkurssystemen unterscheidet man „fixe" und „flexible" Systeme. Nennen Sie jeweils 2 Vor- und Nachteile der beiden Systeme.
9. Charakterisieren Sie 3 mögliche Ursachen für eine Wirtschaftskrise.
10. Beschreiben Sie 3 mögliche Auswirkungen einer Wirtschaftskrise.

Reorganisation und Transfer

1. Erläutern Sie den Unterschied zwischen „Universalbanken" und „Spezialbanken".
2. Begründen Sie, warum es in Deutschland neben „Universalbanken" auch „Spezialbanken" gibt.
3. Begründen Sie, warum man die Börse als „fast" vollkommenen Markt bezeichnet.
4. Vergleichen Sie die Anlagemöglichkeit „Aktie" mit der Anlagemöglichkeit „festverzinsliches Wertpapier". Für welche Möglichkeit würden Sie sich entscheiden?
5. Erläutern Sie, warum das Hauptziel vieler Zentralbanken die Preisstabilität ist.
6. Erläutern Sie, warum aus einer Finanzkrise relativ schnell auch eine Wirtschaftskrise werden kann.

Reflexion und Problemlösung

1. Sie sind Kunde einer Bank (z. B. Sparkasse, Volksbank etc.). Gestalten Sie einen Flyer, in dem Sie die Bankleistungen Ihrer Bank gegenüber den Konkurrenten besonders herausstellen.
2. Bei den Genossenschaftsbanken kann nur Kunde sein, wer auch gleichzeitig „Mitglied" ist. Erörtern Sie dir Vor- und Nachteile einer solchen Bestimmung.
3. Bewerten Sie die unterschiedlichen Anlagemöglichkeiten an der Börse und legen Sie dabei eine für Sie persönlich in Frage kommende Reihenfolge der Möglichkeiten fest.
4. Beurteilen Sie die Aussage, dass „flexible Wechselkurse" besser sind als „fixe Wechselkurse".
5. Überprüfen Sie die Aussage, dass grundsätzlich der Staat mit seinen Regularien für die Verhinderung von Wirtschaftskrisen zuständig ist.
6. Beurteilen Sie die Aussage, dass die Auswirkungen einer Wirtschaftskrise für den Bürger relativ schnell erkennbar sind.

5. Staat

5.1 Freie Marktwirtschaft und Zentralverwaltungswirtschaft

Jede Gesellschaft braucht einen Ordnungsrahmen, an den sich die Mitglieder halten und orientieren können. Im wirtschaftlichen Bereich regelt eine Wirtschaftsordnung den rechtlichen Rahmen und den organisatorischen Aufbau eines Wirtschaftssystems.

Hier haben sich zwei Grundmodelle gebildet:

- **die Zentralverwaltungswirtschaft**
  die Wirtschaft wird von einer zentralen Stelle, z. B. dem Staat, gesteuert

- **die freie Marktwirtschaft**
  Anbieter und Käufer handeln nach dem Prinzip „Angebot und Nachfrage“ ohne Eingriffe des Staates

Modell der Zentralverwaltungswirtschaft

Abbildung 39: Modell der Zentralverwaltungswirtschaft

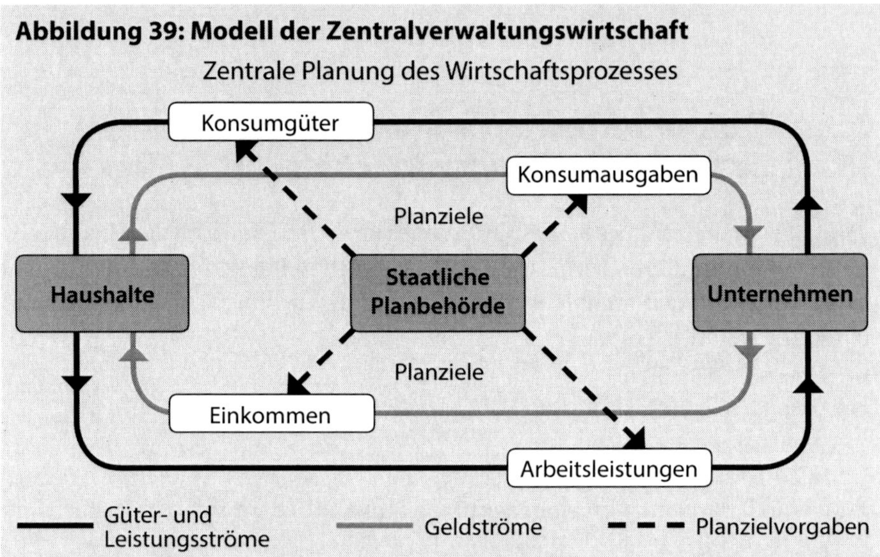

Quelle: Bundeszentrale für politische Bildung (Hg.): Informationen zur politischen Bildung. Wirtschaft - Wirtschaftsordnungen im Vergleich. Heft 180. 1979. S. 5

In diesem System erstellt der Staat mittelfristige (5 Jahre) und langfristige Pläne (15 bis 20 Jahre), in denen die Entwicklung der Wirtschaft vorausbestimmt und die Wege und Mittel zu ihrer Verwirklichung aufgezeigt werden.

Abbildung 40: Modell der freien Marktwirtschaft

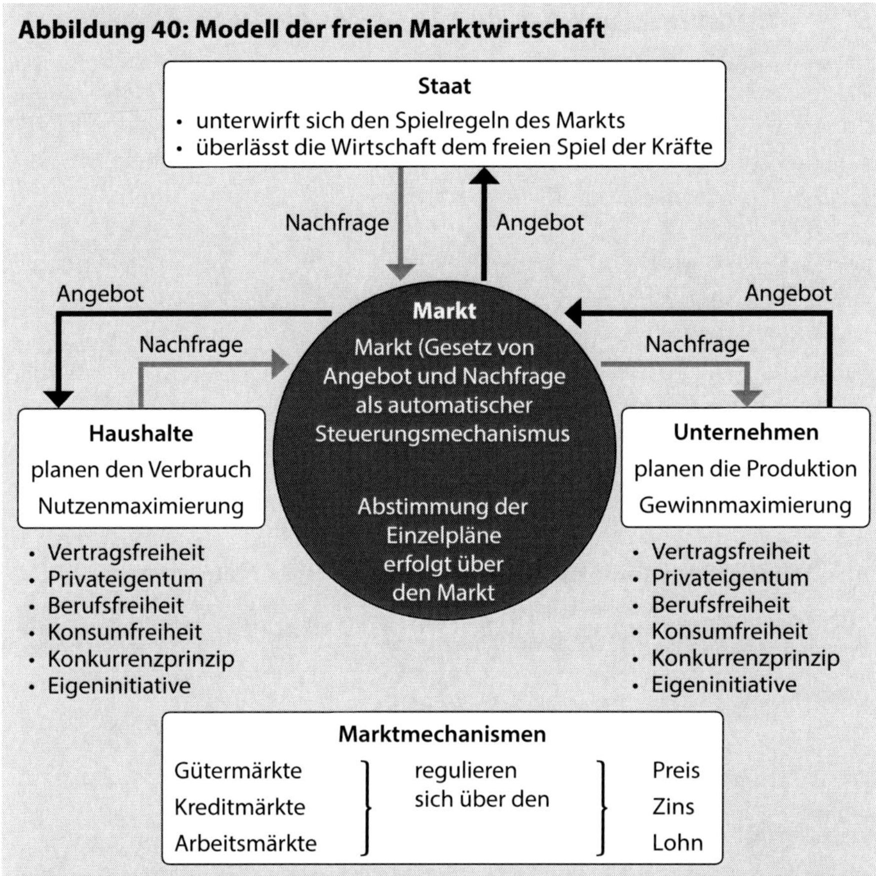

Quelle: eigene Darstellung nach Andreas/Frank/Groß/Schreiber: Wirtschaftslehre für berufsbildende Schulen (Ausgabe Thüringen)BV1 1066, 2012, 6. Auflage)

Hauptmerkmale der freien Marktwirtschaft	**Problematik der freien Marktwirtschaft**
Völlige Entscheidungsfreiheit der Unternehmen und Haushalte	Durch die Vertragsfreiheit entstehen starke Monopolisierungstendenzen
Privateigentum an den Produktionsmitteln	Mithilfe der Freiheit kann die Wettbewerbsfreiheit zerstört werden
Uneingeschränkte Verfügungsmacht des Unternehmers über seine Produktionsmittel	Durch die wirtschaftliche Vormachtstellung des Unternehmens kann der Arbeitnehmer einseitig benachteiligt werden

5.2 *Kennzeichen der sozialen Marktwirtschaft*

Die soziale Marktwirtschaft ist eine wirtschaftspolitische Konzeption, die den Gegensatz zwischen rechtsstaatlich gesicherter und wirtschaftlicher Freiheit einerseits und den sozialstaatlichen Idealen der sozialen Sicherheit und der sozialen Gerechtigkeit andererseits, aufheben will.

Kennzeichen sind
- Verwirklichung eines möglichst großen Wohlstandes
- Wettbewerbsfreiheit
- Sicherung der Vollbeschäftigung
- Stabilität des Preisniveaus
- soziale Sicherheit und soziale Gerechtigkeit
- Schutz der Umwelt
- Verbraucherschutz

Abbildung 41: Die Rolle des Staates in der sozialen Marktwirtschaft

- Garantiert die Freiheitsrechte im Grundgesetz (Gewerbefreiheit, Vertragsfreiheit, Freiheit der Berufswahl, Garantie des Eigentums, Tarifautonomie, Vereinigungsfreiheit)
- schafft den restlichen Ordnungsrahmen durch Gesetze und Verordnungen
- gewährleistet die öffentliche Sicherheit durch das Gewaltmonopol der Polizei

Quelle: eigene Darstellung

5.3 Volkswirtschaftliche Produktionsfaktoren

Das Grundproblem jeder Volkswirtschaft besteht darin, dass zwischen den unbegrenzten Bedürfnissen einerseits und den nur begrenzt vorhandenen Gütern andererseits ein quantitatives Ungleichgewicht besteht. Durch die Herstellung von Sachgütern und die Bereitstellung von Dienstleistungen (Produktion von Gütern) soll dieses Ungleichgewicht verringert werden. Ein kompletter Ausgleich ist allerdings nicht möglich, da die zur Produktion erforderlichen Ressourcen nur begrenzt vorhanden sind. Diese Ressourcen werden in der Volkswirtschaft als **Produktionsfaktoren** bezeichnet. Im klassischen Sinn wird dabei in **Boden**, **Arbeit** und **Kapital** unterschieden.

Boden und Arbeit sind schon von Natur aus vorhanden, sie sind „einfach" vorhanden und können nicht in beliebiger Menge oder Qualität hergestellt bzw. vervielfältigt werden. Diese Elementarfaktoren nennt man **ursprüngliche** (originäre) Produktionsfaktoren. Kapital entsteht durch die Verbindung dieser Elementarfaktoren und heißt deshalb **abgeleiteter** (derivativer) Produktionsfaktor.

Die Betrachtung der volkswirtschaftlichen Produktionsfaktoren Arbeit, Boden, Kapital bezieht sich auf die Gesamtwirtschaft eines Landes. Betrachtet man sich ein Unternehmen, so ergeben sich andere Faktoren.

Zu erwähnen ist noch, dass in jüngster Vergangenheit in verschiedenen Ansätzen der Faktor **Boden** durch den Begriff **Umwelt** ergänzt bzw. ersetzt wurde. Die Begründung dafür liegt in der Ansicht, dass Umweltleistungen in modernen Industriegesellschaften für die Produktion bedeutsamer seien als Boden.

Ebenfalls wird heute teilweise das **Know-how** von Mitarbeitern und Geschäftsleitung als weiterer inoffizieller Produktionsfaktor (**Humankapital**) aufgeführt. Das Ergebnis einer Produktion sei schließlich einerseits von den Mitarbeitern und deren Qualifikationen und andererseits natürlich auch von der „Fähigkeit" der Geschäftsleitung, die ja richtungsweisende Entscheidungen trifft, abhängig.

Abbildung 42: Produktionsfaktoren

Quelle: http://www.doelle-web.de/coaching/wiso/produktionsfaktoren.html vom 26.12.2018

Boden/Umwelt

Der Produktionsfaktor Boden umfasst die ganze natürliche Umwelt, weshalb man oft auch den Begriff „Boden" durch **Natur** ersetzt. Dabei wird dieser Faktor in unterschiedlicher Art und Weise genutzt:

Arten

a. *Anbaufaktor*, gemeint ist hier, dass dieser Faktor zur „Reproduktion" von Gütern benutzt wird. Als klassisches Beispiel wären hier die Land- und Forstwirtschaft zu nennen, da pflanzliche Produkte wiederherstellbar (=reproduzierbar) sind.

b. *Abbaufaktor*, gemeint ist hier, dass dieser Faktor für nicht reproduzierbare Güter genutzt wird. Als Beispiel wären hier Kohle- und Ölförderung zu nennen.
Beide Arten unterliegen dem Merkmal, dass es sich hierbei um einen „**gebundenen Standort**" handelt, das heißt, die Produktion ist nicht variabel, sondern immer an den Faktor Boden gebunden.

c. *Standortfaktor*, gemeint ist hier, dass der Ort für die Produktion „frei" festgelegt werden kann, deshalb spricht man auch von einem „**freien Standort**".

Arbeit

Unter dem Produktionsfaktor Arbeit versteht man jede menschliche Tätigkeit, die wirtschaftliches Handeln plant, gestaltet und ausführt. Je nach Situation kann man bei diesem Faktor Folgendes unterscheiden:

a. *Anforderung*, hier wird in körperliche und geistige Arbeit unterschieden.
b. *Ausbildung*, hier unterscheidet man die Kategorien gelernt, angelernt und ungelernt.
c. *Verantwortung*, hier lässt sich in selbständige, unselbständige und leitende bzw. ausführende Arbeit unterscheiden.

Der Maßstab für die Leistungsfähigkeit des Faktors Arbeit ist die **Arbeitsproduktivität**. Diese wird/kann u.a. von folgenden Aspekten beeinflusst werden:

- Leistungsbereitschaft der Mitarbeiter (Motivation etc.)
- Leistungsfähigkeit der Mitarbeiter (Belastbarkeit, Ausbildung etc.)
- Technische Leistungsfähigkeit (technische Ausstattung, technische Innovation etc.)

Kapital

Als Produktionsfaktor Kapital werden alle in der Herstellung eingesetzten Mittel (wie z. B. Werkzeuge und Maschinen) zusammengefasst. Die Qualität des Kapitals wird vor allem durch den technischen Fortschritt bestimmt. Kapital kann unterschieden werden in:

a. *Geldkapital*, das sind finanzielle Mittel, die der Wirtschaft zum Erwerb von Realkapital zur Verfügung stehen.
b. *Real- oder Sachkapital*, das sind alle materiellen Güter, die als Gebrauchsgüter wie Gebäude, Maschinen, Anlagen bzw. als Verbrauchsgüter wie Roh-, Hilfs- und Betriebsstoffe zur Produktion benötigt werden und alle Lagervorräte bei Herstellern und Händlern sowie alle nichtmateriellen Güter wie technisches Wissen.

Kapital war nicht immer vorhanden, es entsteht aus dem Zusammenwirken von Boden und Arbeit.

Letztendlich ist aber die Produktion das Ergebnis eines Kombinationsprozesses der unterschiedlichen volkswirtschaftlichen Faktoren. Dabei werden auch die Produktionsfaktoren ganz oder teilweise „ausgetauscht“, man spricht dabei von einer **Substitution**. So wird z.B. menschliche Arbeit durch Maschinenarbeit, Naturdünger durch Kunstdünger etc. ersetzt oder eine

Verminderung der aufgewendeten Arbeitszeit bei gleichzeitiger Vergrößerung des bebauten Bodens führt zu gleicher Produktionsmenge.

Die Wandlung der Produktionsverhältnisse sind demnach durch eine ständige Substitution gekennzeichnet.

5.4 Wirtschaftspolitische Ziele

Die Zahlen des Bruttoinlandsproduktes liefern Daten über die wirtschaftliche Lage eines Landes: über Produktion, Preisentwicklung und Einkommen. Sie können positiv oder negativ sein. Der Staat hat die Aufgabe, Wirtschaftskrisen und Not der Bevölkerung rechtzeitig zu vermeiden, indem er sich Ziele setzt und diese durch Politik, durch praktisches Gestalten, zu verwirklichen sucht. Dies ist im Stabilitätsgesetz von 1967 festgelegt.

Bruttoinlandsprodukt (BIP)
Die häufigste Größe zur Messung von wirtschaftlicher und konjunktureller Entwicklung stellt das BIP dar. Dabei handelt es sich um die Summe aller in einer Volkswirtschaft erstellten Waren, Güter und Dienstleistungen. Angegeben wird es entweder als absolute Summe, als prozentuale Veränderung zur Vorperiode oder als Summe pro Einwohner. Letzteres ermöglich die Vergleichbarkeit verschieden großer Länder.

Gesetz zur Förderung der Stabilität und des Wachstums der Wirtschaft:
„Bund und Länder haben bei ihren wirtschafts- und finanzpolitischen Maßnahmen die Erfordernisse des gesamtwirtschaftlichen Gleichgewichts zu beachten. Die Maßnahmen sind so zu treffen, dass sie im Rahmen der marktwirtschaftlichen Ordnung gleichzeitig die Stabilität des Preisniveaus, zu einem hohen Beschäftigungsgrad und außenwirtschaftlichen Gleichgewicht bei stetigem und angemessenem Wirtschaftswachstum beitragen."
Damit ist die Politik auf das Oberziel gesamtwirtschaftliches Gleichgewicht und vier Unterziele festgelegt.

Übersicht 28: Wirtschaftspolitische Ziele

Quelle: eigene Darstellung

Magisches Viereck – Idealziele und Wirklichkeit

Die vier Ziele sollen das gesamtwirtschaftliche Gleichgewicht sichern. Ihre gleichzeitige Verwirklichung gilt als Traumziel. Dieses Ideal ist in der Praxis kaum denkbar, weil die Ziele miteinander konkurrieren. Einige vertragen sich, sind harmonisch zueinander, andere widersprechen sich, stehen zueinander in einem Zielkonflikt. Wenn man das eine Ziel erreicht, schädigt man das andere gleichzeitig. Da sie nur schwer gleichzeitig erreichbar sind, spricht man von einem „**Magischen Viereck**". Der Erfolg der Wirtschaftspolitik wird an der bestmöglichen Kombination der vier Teilbereiche gemessen

Vollbeschäftigung bedeutet, dass die Arbeitslosenzahl so gering wie möglich sein soll. Absolute Vollbeschäftigung gibt es nicht. Durch Kündigungen, Wohnortwechsel oder mangelnde Bautätigkeit im Winter sind immer einige ohne Arbeit. Es liegt bereits Überbeschäftigung vor, wenn die Arbeitslosenquote unter 1 Prozent liegt, was man früher als Ziel für erreichbar hielt. Das bedeutet bei 30 Mill. Beschäftigten 300.000 Arbeitslose. Heute gilt das Ziel als weitgehend erreicht, wenn höchstens 2 Prozent arbeitslos sind, international liegt das Ziel oft sogar bei 4–5 Prozent

Preisstabilität oder Geldwertstabilität ist absolut erreicht, wenn die Inflationsrate 0 beträgt. Da es absolut stabile Preise auf Dauer nicht gibt, gilt es, die

Inflation möglichst niedrig zu halten, um Geldwert und Kaufkraft zu sichern. Man spricht schon von Preisstabilität, wenn die jährlichen Preissteigerungsraten höchstens 2% betragen. Man misst sie am Preisindex für Lebenshaltung, der laufend errechnet und veröffentlicht wird, sowie durch die Preisentwicklung des Bruttoinlandsprodukts.

Außenwirtschaftliches Gleichgewicht herrscht, wenn die Zahlungsbilanz ausgeglichen ist, wenn der Wert der Exporte dem Wert der Importe entspricht. Da Deutschland sehr viele Rohstoffe vom Ausland bezieht und viele Fertigprodukte ins Ausland verkauft, ist der sogenannte Außenbeitrag (Export und Import) relativ groß. Jedoch hat Deutschland eine besondere Situation durch hohe Heimatüberweisungen der Gastarbeiter, Entwicklungshilfe und Verpflichtungen in der EU, aber auch durch den Auslandsurlaub vieler Deutscher. Dieses Defizit sollte durch einen Exportüberschuss von 1–2 Prozent des Bruttoinlandsprodukts abgedeckt sein.

Stetiges und angemessenes Wirtschaftswachstum wird gemessen an der jährlichen Zuwachsrate des realen Bruttoinlandsproduktes. Stetig ist ein Wachstum, wenn es zumindest mittelfristig steigt. Angemessen bedeutet, dass die Steigerung etwa 3 Prozent betragen sollte. Früher hielt man 4–5 Prozent als Zielgröße angemessen. Heute sind viele Länder schon mit 2 Prozent Wirtschaftswachstum sehr zufrieden. Wachstum führt zu mehr Wohlstand. Auch höhere Leistungen können dann erbracht werden (z. B. Sozialhilfe, Entwicklungshilfe), ohne dass Steuern und andere Abzüge erhöht werden müssen. Auch die Verteilungskämpfe (Lohn: Gewinn bei Tarifverträgen) sind dann weniger hart. Jedoch werden bei mehr Wachstum Rohstoffverbrauch und Umweltbelastungen größer, sodass dieses Ziel etwas umstritten ist.

Weitere Ziele spielen in der Politik eine große Rolle, etwa **Umweltschutz, „gerechtere Einkommensverteilung**" oder die „**gerechtere Verteilung der vorhandenen Arbeit**".

Eine erhaltenswerte Umwelt und eine sozial verträgliche Einkommensverteilung stellen durchaus wichtige Ziele dar, die angestrebt werden sollten. So können durch Maßnahmen gegen Luftverschmutzung, Waldsterben oder Abfall einerseits oder durch höhere Steuersätze für Spitzenverdiener oder Wohngeld andererseits „**magische Fünf-, Sechs- oder Siebenecke**" entstehen, die wiederum Auswirkungen auf andere Ziele haben.

5.5 *Zielkonflikt, Magisches 4-/6-Eck*

Die Ziele des „magischen Vierecks" und damit der staatlichen Wirtschaftspolitik sind nicht alle gleichzeitig zu erreichen, da zwischen ihnen Zielkonflikte bestehen können.

Den Zusammenhang zeigt folgendes Bild:

Abbildung 43: Magisches Viereck

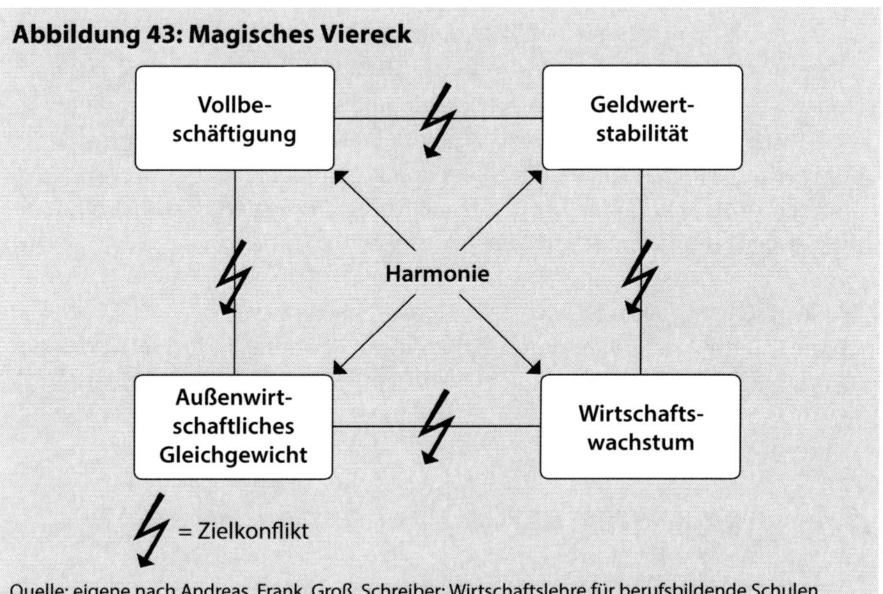

Quelle: eigene nach Andreas, Frank, Groß, Schreiber: Wirtschaftslehre für berufsbildende Schulen (Ausgabe Thüringen)BV1 1066, 2012, 6.Auflage)

Zwischen Vollbeschäftigung und Geldwertstabilität besteht ein großer Zielkonflikt, weil Maßnahmen gegen die Arbeitslosigkeit die Preisstabilität gefährden können. Die Wirtschaftspolitik der 70er-Jahre – „lieber 5 Prozent Inflation als 5 Prozent Arbeitslosigkeit"- führte zunächst zu 7 Prozent Inflation und dann zu 9 Prozent Arbeitslosigkeit

Umgekehrt beeinträchtigen Maßnahmen gegen zu hohe Preise die Vollbeschäftigung. Ebenso gefährden sie das Wachstum. Ein zu starkes Wachstum kann Probleme bei Preisen und beim Umweltschutz hervorrufen, während Umweltschutzmaßnahmen wachstums- und vollbeschäftigungsgefährdend sein können. Dies wird auch als Zielkonflikt zwischen Ökologie und Ökonomie genannt, weil Wachstum und Vollbeschäftigung zumindest die

Tendenz zur Umweltverschmutzung haben können. Dann muss die Politik entscheiden, welches Ziel ihr wichtiger ist oder sie muss einen kontrollierbaren Umweltschutzrahmen setzen, innerhalb dessen dann Wachstums- und Beschäftigungspolitik gemacht werden kann. Erhebliche Ausfuhrüberschüsse führen zu Preissteigerungen im Inland, weil dort das Güterangebot verringert wird, zumal wenn die Geldmenge gleich hoch bleibt. Umgekehrt bedeuten große Importüberschüsse Arbeitsplatzverluste im Inland und beeinträchtigen das Wirtschaftswachstum. Ziele können sich auch ergänzen.

Eine Vollbeschäftigungspolitik kommt zum Beispiel dem Wachstum zugute und umgekehrt, weil mit den neuen Arbeitskräften mehr produziert wird. Normalerweise ist es ähnlich zwischen Geldwertstabilität und außenwirtschaftlichem Gleichgewicht, wenn man beide Ziele erst einmal erreicht hat. Bei Störungen eines der beiden Ziele kann es jedoch auch Störungen des anderen geben, z. B. mit Exportüberschüssen importiert man die Inflation des Auslandes und exportiert Arbeitslosigkeit ins Ausland.

Die Wirtschaftspolitik ist also ständig aufgerufen, bei ihren Maßnahmen ungünstige Folgen bei anderen Zielen mit zu bedenken, um nicht das gesamtwirtschaftliche Gleichgewicht insgesamt entscheidend zu gefährden.

5.6 Konjunktur und Konjunkturpolitik

Typischer Konjunkturverlauf in vier Phasen

Der Ruf nach staatlicher Wirtschaftspolitik zur Lösung des magischen Vierecks hängt oft mit bestimmten Konjunkturbewegungen zusammen, die Probleme mit sich bringen. Seit Jahrhunderten gibt es dieses Auf und Ab in der Wirtschaft, das man Konjunktur nennt und das sich ständig ähnlich wiederholt.

Im Gegensatz zum sehr langfristigen Trend wirtschaftlicher Bewegungen über 50 oder 100 Jahre nach oben und auch im Gegensatz zu ganz kurzfristigen Saisonschwankungen (z. B. Sommer/Winter) heißt Konjunktur der mittelfristige Wechsel von Zeiten guter und schlechter Geschäftslage von vier bis zwölf Jahren. Man spricht vom Konjunkturzyklus, weil er sich immer ähnlich wiederholt.

Abbildung 44: Konjunkturbewegung in der Marktwirtschaft

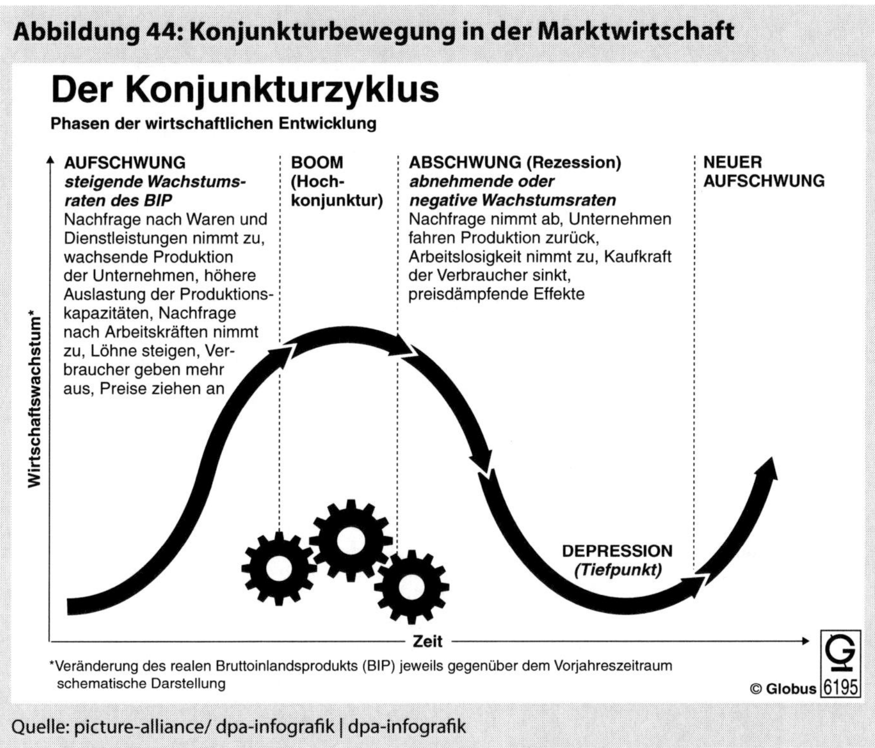

Quelle: picture-alliance/ dpa-infografik | dpa-infografik

Der gesamte Konjunkturverlauf kann in vier Konjunkturphasen unterteilt werden. Aufschwung, Hochkonjunktur, Abschwung und Tiefstand. In allen Phasen haben wichtige Wirtschaftsdaten typische Veränderungen: Wirtschaftswachstum, Beschäftigung, Löhne, Preise, Investitionen und Zinsen und sogar die Stimmung der Leute von sehr optimistisch bis sehr pessimistisch (= depressiv). Auch Unvorhergesehenes kann im Konjunkturverlauf passieren.

Jeder Konjunkturzyklus ist etwas anders und nicht alles ist vorherschaubar. „Jeder Zyklus hat seine individuellen historischen Züge." Dennoch gibt es typische Gemeinsamkeiten.

Übersicht 29: Konjunkturzyklus

Phasen / Merkmale	**Aufschwung, Expansion**	**Boom, Hochkonjunktur**	**Abschwung, Rezession**	**Depression, Tiefstand**
Kapazitätsauslastung (Produktion)	zunehmende Kapazitätsauslastung	voll ausgelastete Kapazitäten	abnehmende Kapazitätsauslastung	unausgenutzte Kapazitäten
Arbeitslosigkeit (Beschäftigung)	geringere Arbeitslosigkeit	Überbeschäftigung	höhere Arbeitslosigkeit	Massenarbeitslosigkeit
Einkommen (Lohn/ Gehalt/ Gewinn)	Gewinn- u. Lohnsteigerungen	Höhere Gewinne und Löhne	Löhne stagnieren, Gewinne fallen stark	Konkurse, Lohnstagnation
Absatz (Nachfrage)	zunehmend	Höchstabsatz	abnehmend	Absatzstockung
Preisniveau	geringe Preissteigerungen	inflationäre Entwicklung	stagnierende Preise	Preiseinbrüche
Stimmung	optimistisch	sehr optimistisch	pessimistisch	depressiv

Quelle: eigene Darstellung nach Andreas/Frank/Groß/Schreiber: Wirtschaftslehre für berufsbildende Schulen (Ausgabe Thüringen) BV1 1066, 2012, 6. Auflage)

Es ist Ziel staatlicher Wirtschaftspolitik und damit auch staatlicher Konjunkturpolitik, nach dem Stabilitätsgesetz gleichzeitig die Stabilität des Preisniveaus, einen hohen Beschäftigungsgrad, außenwirtschaftliches Gleichgewicht und stetiges, angemessenes Wachstum anzustreben, evtl. erweitert durch Umweltschutz und gerechte Einkommensverteilung

Die negativen Wirkungen großer Konjunkturausschläge bedeuten jedoch: Arbeitslosigkeit, Arbeitskräftemangel, kaum oder sehr starke Lohnsteigerung, kaum oder überschäumende Nachfrage, kaum Gewinne – sehr große Gewinne, kaum oder (zu) großzügige Investitionen, Unterbeschäftigung – Überbeschäftigung, Stimmung (zu) optimistisch – pessimistisch und schließlich Inflationszeiten.

Durch staatliche Konjunkturpolitik soll daher zu starken Konjunkturausschlägen in Extreme entgegengewirkt werden, zumal man weiß, dass auf ein extremes Hoch ein entsprechendes ernüchterndes Tief folgt. Für die letzte

Teilphase des Aufschwungs heißt das Bremsen = dämpfen und im Abschwung Gas geben = beleben. Da diese Politik immer entgegenwirkt, nennt man sie antizyklische Konjunkturpolitik.

Staatliche Konjunkturpolitik

Grundsätzlich unterscheidet man zwei theoretische Ansätze staatlicher Konjunkturpolitik. *John Maynard Keynes* (1883–1946) forderte mit seiner **nachfrageorientierten Theorie**, dass der Staat aktiv in den Konjunkturverlauf eingreifen solle. Dabei sei das Ziel, die Schwankungen des Konjunkturzyklus möglichst zu reduzieren und so übertriebene Ausschläge in Richtung Boom oder Depression zu vermeiden. Hierzu solle der Staat in Krisenzeiten Konjunkturmaßnahmen finanzieren, um Wirtschaftswachstum zu stimulieren (Investitionen in Infrastruktur, Abwrackprämie, Erhöhung des Familienzuschlags in Corona-Zeiten, Kurzarbeitergeld etc.). Dazu sei auch das Aufnehmen zusätzlicher Schulden legitim. Diese Schulden würden dann im kommenden Boom durch erhöhte Steuern und Abgaben gegenfinanziert werden. Gleichzeitig sorgen diese erhöhten Abgaben dafür, dass der Boom nicht zu heftig ausfällt und die Wirtschaft nicht überhitzt. Der Staat übernimmt bei Keynes also eine aktive und steuernde Rolle in der Wirtschaftspolitik, angepasst an die aktuelle konjunkturelle Lage.

Demgegenüber steht die sog. **angebotsorientierte Theorie** von *Milton Friedman* (1912–2006). Er unterstellt eine zeitliche Verzögerung, bis wirtschaftspolitische Maßnahmen tatsächlich in der Praxis greifen. Dann ist der Konjunkturzyklus ggf. schon von selbst weiter vorangeschritten und die Maßnahmen der Politik würden an falscher Stelle greifen und somit eher die Situation verschlimmern, als verbessern. Er spricht sich daher statt für konjunkturangepasste Eingriffe des Staates für generelle Verbesserungen der Rahmenbedingungen für Unternehmen aus. Damit hätten diese Planungssicherheit und könnten somit dauerhaft gut wirtschaften. Typische Maßnahmen wären Steuersenkungen, Lockerungen von Kündigungsschutz und Arbeitsschutzrichtlinien, Entbürokratisierung, Abbau von Handelshemmnissen etc.

Abbildung 45: Staatliche Konjunkturpolitik

Der Staat kann in der Hochkonjunktur bremsen, das heißt die Konjunktur dämpfen:

- Sparförderungen erhöhen (= weniger Verbrauch)
- Abschreibungen kürzen (= weniger Verbrauch)
- Steuern erhöhen (= weniger Verbrauch, Investitionen)
- Staatsaufträge kürzen (= Rücklagen bilden)
- Subventionen abbauen/kürzen (= weniger Ausgaben)

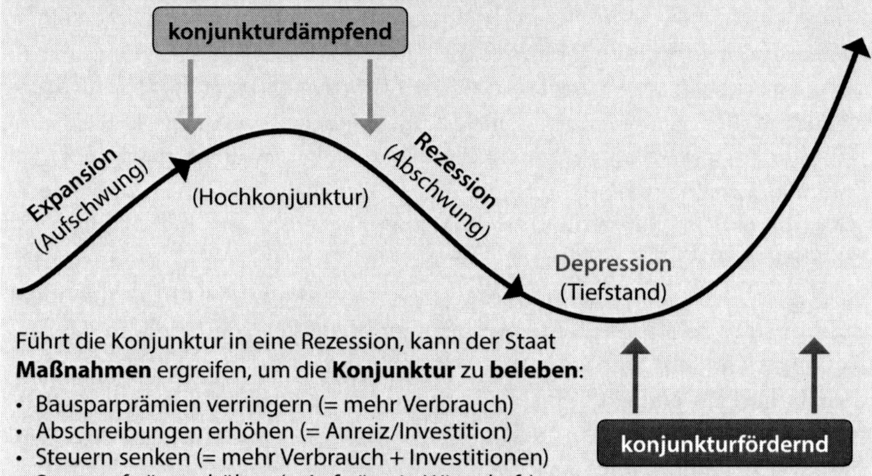

Führt die Konjunktur in eine Rezession, kann der Staat **Maßnahmen** ergreifen, um die **Konjunktur** zu **beleben**:

- Bausparprämien verringern (= mehr Verbrauch)
- Abschreibungen erhöhen (= Anreiz/Investition)
- Steuern senken (= mehr Verbrauch + Investitionen)
- Staatsaufträge erhöhen (= Aufträge in Wirtschaft)
- gezielte Subventionen (= mehr Ausgaben)

Quelle: eigene Darstellung nach Andreas/Frank/Groß/Schreiber: Wirtschaftslehre für berufsbildende Schulen (Ausgabe Thüringen) BV1 1066, 2012, 6. Auflage)

Die aufgezeigten Möglichkeiten des Staates sind jedoch teilweise begrenzt oder sogar problematisch. Die gewünschte Reaktion von Verbrauchern und Unternehmern trifft oft nicht ein, weil diese sich anders verhalten als erwünscht. Sie kaufen in der Hochkonjunktur stärker und sparen weniger, weil sie mit noch mehr Preis- und Lohnerhöhungen rechnen. In der Krise investieren die Unternehmer nicht, weil sie Verluste machen und mit noch schlimmeren Zeiten rechnen trotz Investitionsanreizen; ähnlich verhalten sich die Käufer. Auch das Ausland kann sich anders verhalten, als im Inland gewünscht wird: So führte die Ölkrise zu einer Rezession in Deutschland. Aber auch der Staat selbst hat Probleme, die antizyklische Politik durchzuhalten. Wenn er im Abschwung die Steuern senkt, fehlen ihm die Einnahmen für zusätzliche Fördermaßnahmen, die gerade jetzt nötig sind. Er müsste sich zusätzlich verschulden, aber vielleicht ist seine Verschuldung ohnehin schon zu hoch. In der Expansion müsste der Staat eigentlich seine Ausgaben kürzen und die Steuern erhöhen, aber weder sind die Beamten kurzfristig kündbar noch sind Regierung oder die Bevölkerung bereit, Steuererhöhungen hinzunehmen, etwa in Zeiten des Wahlkampfes, den es praktisch jedes Jahr bei uns gibt. Oft greifen auch die Maßnahmen zu spät oder sind unzureichend; dies weiß man aber vorher nie genau.

Dennoch kann der Staat in gewissen Grenzen wirksame antizyklische Konjunkturpolitik betreiben, wenn er die Vorgaben des Stabilitätsgesetzes ernst nimmt und von der Geldpolitik der Europäischen Zentralbank unterstützt wird.

Auch die Europäische Zentralbank kann die Konjunktur dämpfen oder anregen. Erhöht sie etwa den Leitzins, so bedeutet das steigende Zinsen, die Investitionen erschwert und somit bremsend wirkt. Umgekehrt kann sie z. B. durch Senkung der Mindestreserve die Wirtschaft indirekt mit billigem Geld versorgen, was konjunkturfördernd wirkt.

Konjunkturzyklen in Deutschland

Betrachtet man die konjunkturelle Entwicklung in Deutschland in den letzten zwanzig Jahren, so kann man feststellen, dass Mitte der 80er-Jahre ein Aufschwung mit begrenztem Wachstum einsetzte, das sich am Ende des Jahrzehnts erheblich erhöhte. Als sich 1989 ein Ende der Hochkonjunktur abzeichnete, führte die Wiedervereinigung durch neue Nachfrage auf vielen Gebieten zu einer Verzögerung des erwarteten Abschwungs. Dieser folgte dann 1991 doch und bewegte sich bis 1993 in Richtung unterer Tiefpunkt, wenn man die sinkende Beschäftigung und Investitionen sowie die gestiegene Arbeitslosigkeit betrachtet.

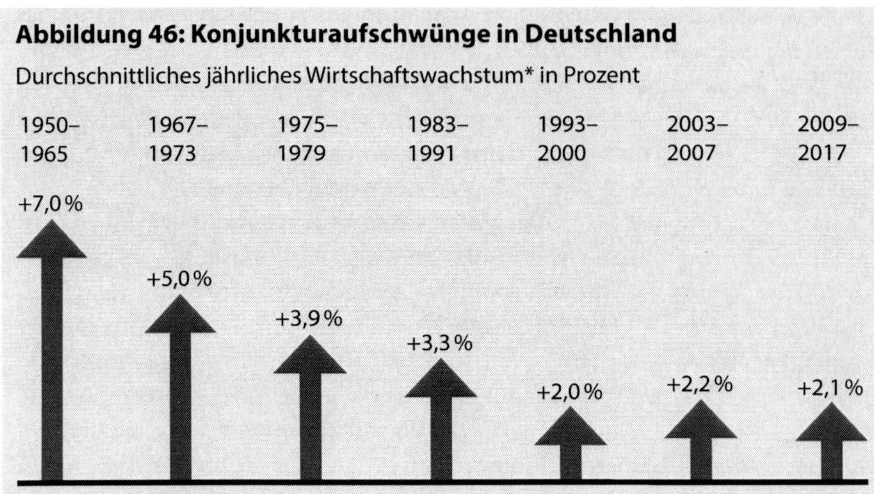

Abbildung 46: Konjunkturaufschwünge in Deutschland

Durchschnittliches jährliches Wirtschaftswachstum* in Prozent

Quelle: Bundeswirtschaftsministerium, Stat. Bundesamt

Nach einem wechselhaften Jahrzehnt erreichte die Bundesrepublik im Jahre 2000 eine relativ hohe Wachstumsrate von 3,2 Prozent. Hoffnungen auf einen anhaltend kräftigen Aufschwung wurden aber enttäuscht: Schon 2001 glitt die deutsche Wirtschaft in eine Stagnation ab, die erst 2004 zaghaft überwunden wurde. Investitionen und Konsum entwickelten sich dabei nur schwach, sodass die erwartete Initialzündung für den Arbeitsmarkt weiterhin ausblieb. Diese verzögerte sich bis zum Jahr 2006. Nun ging auch die Zahl der Arbeitslosen zurück. Das folgende Wachstum wurde 2008 durch eine Finanz- und Wirtschaftskrise in vielen Industrieländern wieder gebremst. Ab 2009 folgte, bedingt durch Politik der EZB, eine relativ stabile Phase mit Wachstum. Für 2019 haben die Experten jedoch einen Konjunkturrückgang prophezeit. Die Coronapandemie und der Krieg in der Ukraine werden die Konjunktur in Deutschland, aber auch im Rest der Welt negativ beeinflussen

FRAGEN

Staat

Reproduktion

1. Beschreiben Sie die Aufgaben von Staat, Unternehmen und Haushalte in einer freien Marktwirtschaft.
2. Arbeiten Sie die Aufgaben des Marktes in der freien Marktwirtschaft heraus.
3. Nennen Sie Kennzeichen und Probleme der freien Marktwirtschaft.
4. Beschreiben Sie die volkswirtschaftlichen Produktionsfaktoren.
5. Nennen Sie die vier Ziele des Stabilitätsgesetzes. Wann sind die Ziele jeweils erreicht?
6. Beschreiben Sie, welche anderen Ziele das magische Viereck erweitern können.
7. Beschreiben Sie einen typischen Konjunkturverlauf (vier Phasen).
8. Nennen Sie andere Bezeichnungen für Hochkonjunktur und für Tiefstand.
9. Beschreiben Sie, wie der Staat konjunkturell „Gas geben" kann. Welche Gründe können dafürsprechen?

Reorganisation und Transfer

1. Erläutern Sie das Modell der Zentralverwaltungswirtschaft.
2. Analysieren Sie, an welchen Schwierigkeiten das System der Zentralverwaltungswirtschaft gescheitert ist.
3. Stellen Sie die Vor- und Nachteile der sozialen Marktwirtschaft dar.
4. Erläutern Sie, warum man in letzter Zeit dem volkswirtschaftlichen Produktionsfaktor Boden den Aspekt „Umwelt" hinzugefügt hat.
5. Analysieren Sie, welche Folge eine Vollbeschäftigungspolitik auf die Preisstabilität hat und umgekehrt.
6. Stellen Sie dar, wie sich das Wirtschaftswachstum ermitteln lässt.
7. Erklären Sie den Begriff „Preisstabilität".
8. Charakterisieren Sie die Kennzeichen eines Aufschwungs.
9. Beschreiben Sie die Folgen einer Konjunkturüberhitzung und einer schweren Depression.

10. Erstellen Sie eine Tabelle, in der Sie die Kennzeichen einer Hochkonjunktur und einer Depression gegenüberstellen.
11. Erläutern Sie, wie der Staat mit seiner Konjunkturpolitik „bremsen" kann.
12. Stellen Sie einige problematische Positionen in einem magischen Siebeneck dar.
13. Begründen Sie, warum die Wirtschaftspolitik versuchen muss, Konjunkturschwankungen auszugleichen.
14. Begründen Sie, ob das Bestehen der Europäischen Union die Konjunkturpolitik in den einzelnen Ländern und das Erreichen der vier wirtschaftspolitischen Ziele erleichtert oder erschwert.

Reflexion und Problemlösung

1. Beurteilen Sie, ob das Modell der freien Marktwirtschaft sozial gerecht ist?
2. Erörtern Sie, in welchen Bereichen die Zentralverwaltungswirtschaft Vorteile hat.
3. Sie haben einen Freund, der im Zusammenhang mit Versiegelung von Autolacken eine tolle Erfindung gemacht hat, und wollen nun mit ihm zusammen ein Start-Up Unternehmen gründen. Gestalten Sie eine Skizze, in der Sie sich konkret für dieses Unternehmen mit den volkswirtschaftlichen Produktionsfaktoren auseinandersetzen.
4. Beurteilen Sie, ob es sinnvoll ist, die vier Ziele des magischen Vierecks zu erweitern.
5. Erörtern Sie, warum für Deutschland gelten sollte: Export > Import.
6. Überprüfen Sie, welche Folgen es für die deutschen Handelspartner hat, wenn Deutschland immer einen Exportüberschuss verzeichnet.
7. Beurteilen Sie, ob es sinnvoll ist, die Ziele der Wirtschaftspolitik gesetzlich festzuhalten.
8. Bewerten Sie den Zielkonflikt „Ökonomie – Ökologie". Wie würden Sie das Problem lösen? Muss es immer zum Konflikt beider kommen?
9. Beurteilen Sie, was wichtiger ist: Vollbeschäftigung oder Preisstabilität.
10. Erörtern Sie, was eine Krise/Depression für Arbeitnehmer und Arbeitgeber bedeutet. Schildern Sie die Stimmung im Konjunkturtal.
11. Beurteilen Sie, in welcher Konjunkturphase die Weltwirtschaft sich zurzeit befindet.
12. Erörtern Sie, ob man in einer Depression Maßnahmen von Keynes und Friedman sinnvoll miteinander kombinieren kann?

6. Ausland

6.1 Theorien des internationalen Handels

Schon Adam Smith beschäftigte sich im 18. Jahrhundert mit der Frage, ob es sinnvoll ist, dass Nationen miteinander Handel treiben. Er kam zu dem Schluss, dass jede Nation das produzieren solle, was sie am besten und günstigsten kann. Mit den Verkaufserlösen könne man dann das einhandeln, was man selbst nicht so günstig produzieren könne wie jemand anderes. Somit trüge Handel zum allgemeinen Wohlstand bei.

Aufbauend auf Smith wurden eine Vielzahl von Theorien über den Handel entwickelt, die immer weiter ins Detail gehen und versuchen, verschiedene Phänomene zu erklären und somit über die vorherige Theorie hinausgehen oder diese ergänzen.

Übersicht 30: Handelstheorien

Theorie der absolute Kostenvorteile Adam Smith	Es macht Sinn, dass jedes Land seine Produktion auf dasjenige Produkt konzentriert, bei dem es einen Kostenvorteil hat und die selbst nicht benötigten Überschüsse ins Ausland verkauft. Mit den erzielten Gewinnen kann man dann die Waren einkaufen, die im Ausland günstiger hergestellt werden. Somit steigt die Summe der zur Verfügung stehenden Produkte, anders als wenn jedes Land alle benötigten Waren selbst produzieren würde. Internationaler Austausch steigert so die Wohlfahrt aller Länder.
Theorie der komparativer Kostenvorteile David Ricardo	Handel ist allerdings auch für Nationen vorteilhaft, die alle Güter billiger produzieren könnten. Indem sie nur dasjenige Produkt herstellen, bei dem sie im direkten Vergleich mit einer Alternative Kostenvorteil haben, können sie die Produktionsmenge erhöhen. Mit dem durch Verkauf der Überschüsse im Ausland erzielten Gewinn wiederum können sie diejenigen Produkte einkaufen, die sie nicht selbst produzieren.
Theorie der flexiblen Wechselkurse	Anders als bei Ricardo handeln tatsächlich aber nicht Staaten, sondern vielmehr Unternehmen. Diese kaufen dort ein, wo es jeweils am günstigsten ist, nicht dort, wo es einen komparativen Kostenvorteil gibt. Dafür müssen sie allerdings ihre einheimische Währung in die Landeswährung des Handelspartners wechseln. Durch Angebot und Nachfrage passen sich die Wechselkurse international so an, dass die Theorie der komparativen Kostenvorteile trotzdem funktioniert.
Faktor-proportionen-theorie Heckscher/Ohlin	Die unterschiedlichen Produktionskosten bei Smith und Ricardo rühren unter anderem aus den unterschiedlichen Rohstoffvorkommen oder Arbeitskosten der Länder, liegen aber auch in den Produktionsverfahren oder im jeweiligen Nachfrageverhalten begründet. Je reicher die Ausstattung eines Landes mit einem Faktor, desto günstiger kann es diesen anbieten.
Produktlebens-zyklustheorie Vernon	Jedes Produkt durchläuft in seinem Lebenszyklus verschiedene Phasen. Am Anfang, in der Phase der Entwicklung und der frühen Produktion, werden viele qualifizierte Arbeitskräfte und eine hochwertige Infrastruktur benötigt. Je weiter der Lebenszyklus voranschreitet, desto einfacher aber auch umfangreicher wird die Produktion und der Bedarf an Qualifizierung der Arbeiter sinkt. Dafür werden mehr unausgebildete Arbeiter und einfachere aber günstige Produktionsverfahren der Massenproduktion benötigt. Entsprechend lohnt eine Verlagerung der Produktion von einem Industrieland mit hohen Lohnkosten in ein Schwellen-/Entwicklungsland mit einer nun passenderen Faktorausstattung. Festplatten für Computer werden heute nicht mehr in Kleinserien in den USA hergestellt, sondern als Massenprodukte in Fernost.
Präferenzvielfalt und Produkt-differenzierung	In der Realität ist zu beobachte, dass auch Handel zwischen Volkswirtschaften mit einer sehr ähnlichen Faktorausstattung stattfindet und dass dabei sogar sehr ähnliche Güter gehandelt werden. Deutsche Autos werden zum Beispiel in Frankreich verkauft und umgekehrt französische Autos ebenso in Deutschland. Offenbar ist das individuelle Bedürfnis der Verbraucher so unterschiedlich, dass es sich in einem solchen Kaufverhalten niederschlägt, selbst wenn es dazu führt, dass ein Produkt am komparativ teureren Ort erstellt wird. Hier spielt auch die Differenzierung der Produkte eine Rolle, die auf unterschiedliche Käuferschichten und Bedürfnisse angepasst sind und zudem mit einem entsprechenden Image werben.

Quelle: eigene Darstellung

Freihandel oder Protektionismus?

Diesen Ideen des freien Handels steht der Gedanke gegenüber, die einheimische Wirtschaft durch protektionistische Maßnahmen vor ausländischer Konkurrenz und Wettbewerb zu schützen. Dadurch sollen auch einheimische Arbeitsplätze erhalten bleiben. Zudem werden besondere Wirtschaftszweige häufig von den Staaten geschützt, weil sie besonders bedeutend für die staatliche Souveränität sind (Rüstung, Spezialtechnologien, Landwirtschaft), selbst wenn es günstiger wäre, solche Güter aus dem Ausland zu beziehen. Außerdem verfolgen manche Staaten, vor allem Schwellen- und Entwicklungsländer, den Ansatz, junge und aufstrebende Industriezweige vor internationalem Wettbewerb solange zu schützen, bis sich diese alleine behaupten können. Hier besteht allerdings die Gefahr, dass sich diese Unternehmen in ihrer protegierten Lage einrichten und niemals konkurrenzfähig werden, sondern auf Dauer von staatlichem Schutz abhängig bleiben. Allerdings schadet Protektionismus häufig dem Verbraucher, da er durch die protektionistischen Maßnahmen vor günstigeren ausländischen Produkten „geschützt" wird.

Tarifäre und nichttarifäre Handelshemmnisse

Um den Handel zu steuern und gegebenenfalls einzuschränken (Protektionismus) kann ein Staat Zölle und Gebühren auf Einfuhr und Ausfuhr von Waren erlassen. Mit diesem Mittel kann er die einheimische Wirtschaft vor Konkurrenz aus dem Ausland schützen oder auch dafür sorgen, dass z. B. Rohstoffe im Inland bleiben. Zudem stellen Zölle einen Weg dar, das Staatseinkommen zu erhöhen. Neben diesen tarifären Handelshemmnissen gibt es aber noch weitere Faktoren, die Handel zwischen den Nationen erschweren können. National unterschiedliche Normen, Sicherheitsvorschriften oder Zulassungsregelungen erschweren es ausländischen Unternehmen auf Märkten Fuß zu fassen. Diese nichttarifären Handelshemmnisse abzubauen ist sehr schwierig, da sie nicht so offensichtlich sind wie Zölle.

Grundsätzlich lassen sich also verschiedene politische Konzeptionen bezüglich Außenhandel unterscheiden:

Abbildung 47: Modell der freien Marktwirtschaft

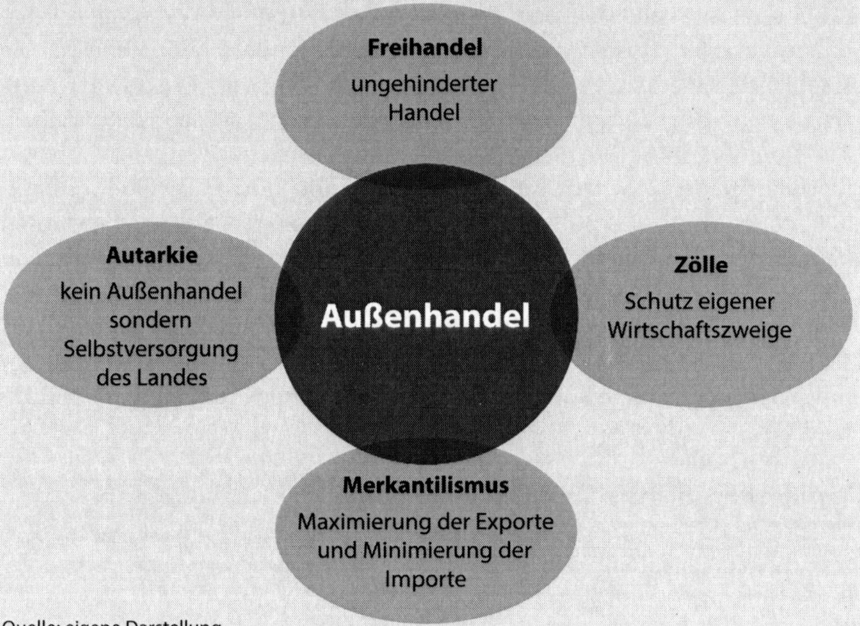

Freihandel
ungehinderter Handel
Autarkie
kein Außenhandel sondern Selbstversorgung des Landes
Außenhandel
Zölle
Schutz eigener Wirtschaftszweige
Merkantilismus
Maximierung der Exporte und Minimierung der Importe

Quelle: eigene Darstellung

Um die gewählte Konzeption umzusetzen hat ein Staat eine Vielzahl von unterschiedlichen politischen Möglichkeiten:

Übersicht 31: Politische Instrumente

Entwicklungspolitik Internationale Abkommen über Handelserleichterungen und/oder Kapitalhilfen	**Mengenpolitik** Festlegung von Kontingenten bzw. Warenquoten bis hin zu Ein- und Ausfuhrverboten
Währungspolitik Auf- bzw. Abwertung der Währung Feste oder freie Wechselkurse	**Preispolitik** Subventionen der eigen Wirtschaft und/oder Importbeschränkungen (z. B. durch Zölle)

Politische Instrumente

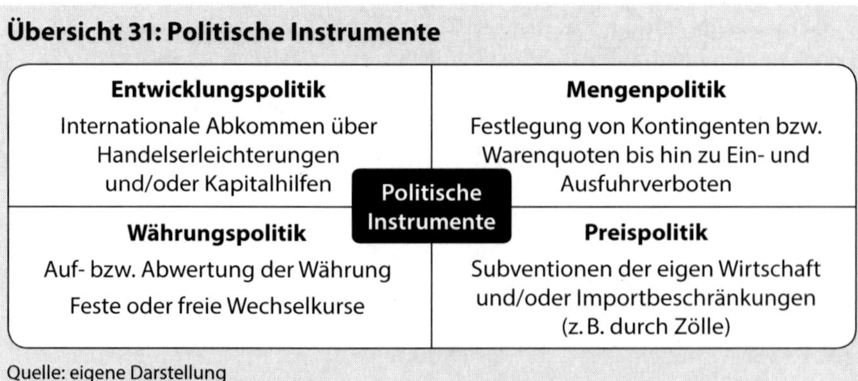

Quelle: eigene Darstellung

6.2 Die Europäische Union

Die Europäische Union ist kein Staat, aber sie nimmt Aufgaben wahr, die sonst nur Staaten zustehen. Ihre auf einzelnen Gebieten weitreichenden Entscheidungsbefugnisse sind unmittelbar geltendes Recht in allen Mitgliedsländern und für alle Bürger.

Die Arbeitsweise der EU bezieht sich auf 7 Organe:
- Das Europäische Parlament
- Der Europäische Rat
- Der Rat der Europäischen Union (Ministerrat)
- Die Europäische Kommission
- Der Europäische Gerichtshof
- Die Europäische Zentralbank
- Der Europäische Rechnungshof

Neben diesen offiziellen Organen gibt es eine Reihe weiterer Institutionen, die an der europäischen Politik beteiligt sind. Dazu zählen unter anderem:
- der Wirtschafts- und Sozialausschuss als Vertretung zivilgesellschaftlicher Interessen
- der Ausschuss der Regionen als Vertretung kommunaler und regionaler Strukturen
- die Europäische Investitionsbank, die Investitionsprojekte der EU und in Partnerländern außerhalb der Gemeinschaft finanziert
- der Europäische Bürgerbeauftragte, der sich als Ombudsmann unmittelbar der Probleme der Bürgerinnen und Bürger annimmt
- der Europäische Datenschutzbeauftragte (European Data Protection Supervisor, EDPS), der dafür sorgt, dass die Organe und Einrichtungen der Gemeinschaft bei der Verarbeitung personenbezogener Daten die Privatsphäre schützen

Im Rahmen des Europäischen Wirtschaftsraumes sind neben den anderen europäischen Organen die Europäische Zentralbank und der Europäische Rechnungshof zu nennen.

Abbildung 48: Organe und Strukturen der EU

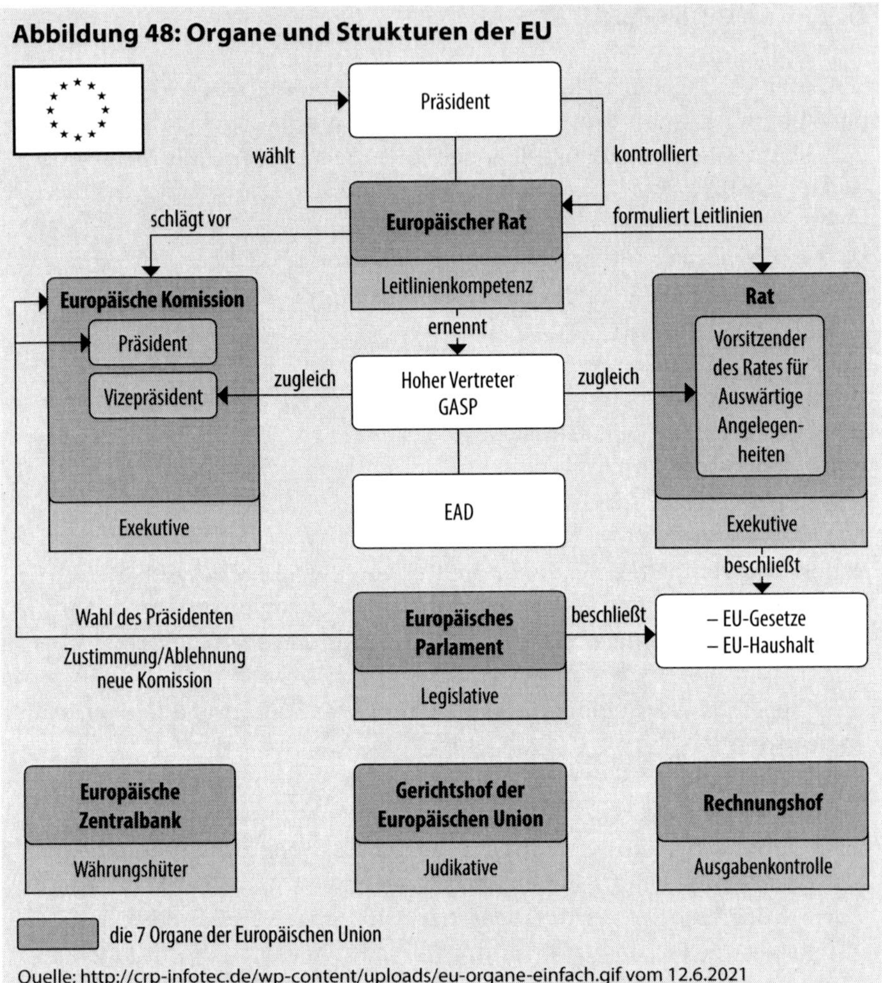

Quelle: http://crp-infotec.de/wp-content/uploads/eu-organe-einfach.gif vom 12.6.2021

Die Europäische Zentralbank

Sie ist ein offizielles Organ der EU und für die Gewährleistung der Preisstabilität und die Umsetzung der Währungspolitik im Euro-Raum zuständig.

Zusammensetzung: Der EZB gehören der Präsident und der Vizepräsident sowie die Präsidenten der nationalen Zentralbanken des Euro-Raumes an. Die entscheidenden Gremien der EZB sind:

- Der **EZB-Rat** ist das wichtigste Entscheidungsgremium. Er besteht aus den Mitgliedern des Direktoriums und den Präsidenten der Landeszentralbanken des Euro-Raumes.
- Das **Direktorium** überwacht die Tagesgeschäfte der EZB. Es setzt sich aus dem Präsidenten, dem Vizepräsidenten und vier weiteren Mitgliedern zusammen, die von den Staats- und Regierungschefs der Länder des Euro-Raums für eine Amtszeit von acht Jahren ernannt werden.
- Der **Erweiterte Rat** hat eher eine beratende und koordinierende Funktion. Ihm gehören der Präsident und der Vizepräsident der EZB sowie die Präsidenten der Zentralbanken aller EU-Mitgliedsländer an.

Aufgaben: Sie legt die Leitzinsen fest, zu denen sie an Geschäftsbanken im Euro-Raum Geld ausgibt, und kontrolliert somit die Geldmenge und die Inflation. Sie beobachtet die Preisstabilität (Ziel: knapp 2 Prozent Inflation) und gewährleistet die Sicherheit im europäischen Bankensystem. Zuständig ist sie auch für die Ausgabe von Banknoten und der Verwaltung der Währungsreserven in den Ländern des Euro-Raumes.

Sitz: Frankfurt

Ziel: Inflation bei annähernd 2 %:

- Sicherer Abstand zur Deflation (vgl. dazu S. 25 f.).
- Anreiz zur Investition, da ansonsten Wertverlust

Der Europäische Rechnungshof

Er ist die unabhängige Rechnungsprüfungsstelle der EU und vertritt damit die Interessen der Bürger/-innen der EU.

Zusammensetzung: Jeweils ein Mitglied pro Mitgliedsland werden vom Rat auf 6 Jahre ernannt (Verlängerung möglich). Aus der Mitte der Mitglieder wird ein Präsident/eine Präsidentin für 3 Jahre (Wiederwahl möglich) gewählt.
Aufgaben: Er prüft die Einnahmen und Ausgaben der EU auf ihre Korrektheit. Ebenso prüft er Personen und Organisationen, die die finanziellen Mittel der EU verwalten. Er untersucht mögliche Fälle von Korruption, Betrug oder anderen illegalen Tätigkeiten im Rahmen der EU. Über all diese Aspekte erstellt er einen Jahresbericht, der dem Rat und dem Europäischen Parlament vorgelegt wird.

Da der Europäische Rechnungshof unabhängig ist, entscheidet er autark was, wie und wann geprüft wird. Allerdings kann er selbst keine rechtlichen Schritte einleiten.

Sitz: Luxemburg

Der Europäische Binnenmarkt

Europa – für uns alle ist dies inzwischen ein alltäglicher Begriff geworden. In vielen Varianten begegnet er uns, ohne dass wir uns großartig Gedanken darüber machen.

Oftmals begegnen wir dem Phänomen „Europa" aber auch, ohne uns dessen bewusst zu werden. Wir gehen zum Italiener, Spanier oder Griechen essen, wir fahren Peugeot, Renault, Fiat oder Volvo, wir kaufen Chianti, Camembert, Oliven usw. Auch Reisen in die europäischen Länder sind für uns selbstverständlich. Europa ist also in unserem ganz normalen Alltag allgegenwärtig.

Möglich gemacht hat dies unter anderem die Verwirklichung des Europäischen Binnenmarktes. Mit der Einführung des Europäischen Binnenmarktes und aufgrund der damit gewährten Freiheiten wurde das Leben, Lernen und Arbeiten der EU-Bürger auf eine neue Basis gestellt.

Der Europäische Binnenmarkt ist ein geografischer Raum ohne Binnengrenzen, in dem der freie Verkehr von Waren, Dienstleistungen, Personen und Kapital gewährleistet ist.

Übersicht 32: Europäischer Binnenmarkt

Mit der Einführung des Binnenmarktes 1993 und den damit gewährten Freiheiten wurde das Leben, Lernen und Arbeiten der EU-Bürger auf eine neue Basis gestellt.

Freier Personenverkehr
- Wegfall von Grenzkontrollen
- Niederlassungs- und Beschäftigungsfreiheit für EU-Bürger
- Angleichung der Einreise-, Asyl-, Waffen- und Drogengesetze

Freier Warenverkehr
- Wegfall von Grenzkontrollen
- Steuerangleichung
- Angleichung oder gegenseitige Anerkennung von Normen und Vorschriften

Freier Dienstleistungsverkehr
- Öffnung der Transport- und telekommunikationsmärkte
- Angleichung der Banken- und Versicherungsaufsicht
- Liberalisierung der Finanzdienste

Freier Kapitalverkehr
- Größere Freizügigkeit für Geld- und Kapitalbewegungen
- Schritte zu einem gemeinsamen Markt für Finanzleistungen
- Liberalisierung des Wertpapierverkehr

Grundsätzlich birgt der Binnenmarkt also Chancen und Risiken.

Chancen
- Es gibt keine Zoll- bzw. Steuergrenzen
- Jeder Bürger kann sich in jedem Mitgliedsland niederlassen und arbeiten
- Ein Markt von über 450 Millionen Verbrauchern wird Produktion, Handel und Wettbewerb beleben und somit voraussichtlich Preisvorteile und Arbeitsplätze schaffen
- Die Wettbewerbsposition Europas wird gegenüber den anderen Wirtschaftsmächten USA, Japan usw. verbessert
- Der Frieden in Europa wird sicherer

Probleme
- Als Folge der Anpassung können Steuern steigen und soziale Leistungen gekürzt werden
- Die zunehmende Konzentration wird es kleineren Betrieben erschweren, konkurrenzfähig zu bleiben
- Die Gefahr einer Wanderungsbewegung von Arbeitnehmern besteht
- Durch den Wegfall der Grenzen besteht die Gefahr zunehmender Kriminalität

Quelle: eigene Darstellung

Mit der Einführung des europäischen Binnenmarktes 1993 haben sich die **Wettbewerbsbedingungen** in allen Wirtschaftsbereichen drastisch verändert. Industrie, Handel und Handwerk müssen sich mit den vier Freiheiten des Binnenmarktes auseinandersetzen. Durch die Öffnung der Märkte können die Verbraucher unter einer großen Anzahl von Anbietern auswählen. Man könnte sagen, ein Supermarkt für Millionen Bürger ist entstanden. Dadurch erhöht sich für die Unternehmen und Betriebe der Wettbewerbs- und Konkurrenzdruck. Gleichzeitig können durch den Wegfall entsprechender Handelshemmnisse Kosten eingespart werden.

In jedem Fall müssen sich die Unternehmen und Betriebe wie auch jeder Einzelne auf die veränderten Wettbewerbsbedingungen einstellen, da diese auch Auswirkungen auf dem Arbeitsmarkt haben.

Die Europäische Währungsunion

Unter der europäischen Währungsunion versteht man den Zusammenschluss souveräner europäischer Staaten zu einer einheitlichen Währung. Die wesentlichen Merkmale dieser Währungsunion sind ein freier Geld- und Zahlungsverkehr, die vollständige und unwiderrufliche Fixierung der Wechselkurse sowie eine einheitliche Geld- und Währungspolitik nach innen und außen.

Die Einführung einer gemeinsamen Währung war also nicht zwingend notwendig für eine Währungsunion. Die Staats- und Regierungschefs der EU haben sich allerdings im Maastrichter Vertrag für die Einführung einer europäischen Gemeinschaftswährung entschieden, hauptsächlich, um die europäische Gemeinschaft zu intensivieren und um die politische Union zu beschleunigen.

Um in die Europäische Währungsunion aufgenommen zu werden, müssen festgelegte **Konvergenzkriterien** (Bedingungen) erfüllt sein.

Abbildung 49: Konvergenzkriterien

Schulden
Die Gesamtschulden dürfen 60 % des Bruttoinlandsprodukts nicht übersteigen.

Defizit
Das Haushaltsdefizit darf 3 % des Bruttoinlandsprodukts nicht übersteigen.

Inflation
Der Anstieg der Verbraucherpreise darf nicht mehr als 1,5 % über der Teuerungsrate der drei preisstabilsten Mitgliedsländer liegen.

Zinsen
Die langfristigen Zinssätze dürfen nicht höher als 2 % über dem Durchschnitt der drei preisstabilsten Mitgliedsländer liegen.

EWS-Bandbreite
Die zulässigen Wechselkursschwankungen müssen mind. zwei Jahre vor Konvergenzprüfung ohne Abwertung eingehalten worden sein.

Quelle: eigene Darstellung

Wie bei allem gibt es auch bei der gemeinsamen europäischen Währung zwei Seiten.

Chancen	Risiken
• Kosten des Währungsumtausches fallen weg • Kein Wechselkursrisiko innerhalb der Währungsunion • Leichte Vergleichbarkeit der Preise • Beschäftigungschancen im Exportbereich • Welthandelswährung neben Dollar und Yen	• Wichtige Bereiche, wie die einheitliche Steuerpolitik sind nicht beinhaltet • Gefahr, dass bei einer Krise in einem Teilnehmerland, andere Länder mitgezogen werden • Um die geforderten Kriterien zu erfüllen, muss drastisch gespart werden

Der Europäische Rettungsschirm (Eurostabilitätsmechanismus/ESM)

Einige Staaten in der Euro-Zone haben in den vergangenen Jahren sehr hohe Schulden gemacht. Sie können das geliehene Geld und die Zinsen nicht wie vereinbart zurückzahlen. Eine Folge war, dass der Euro als Zahlungsmittel an Vertrauen in der Welt verloren hatte. Darunter litten alle Länder, die den Euro als Währung haben. Deshalb wurde 2012 der sogenannte Europäische Rettungsschirm geschaffen, was nichts anderes bedeutet, als dass eine große Summe Geldes von den Eurostaaten zur Verfügung gestellt wird. Damit können in Not geratene Mitgliedstaaten des Euroraums unterstützt werden, indem man Kredite vergibt, Staatsanleihen erwirbt und Darlehen zur Stabilisierung von Banken zur Verfügung stellt.

Unterstützung erhält ein Staat jedoch nur, wenn er sich nicht mehr auf anderen Wegen finanzieren kann und die Finanzstabilität der Eurozone insgesamt gefährdet ist. Das geliehene Geld bekommen die verschuldeten Länder allerdings nicht ohne Gegenleistung. Sie müssen sich zum Sparen verpflichten und in ihren Ländern viele Maßnahmen einleiten, um künftig die Schulden gering zu halten. Ob ein Staat unterstützt wird, entscheidet der sogenannte Gouverneursrat des ESM, der aus den Finanzministern der Eurostaaten besteht.

Abbildung 50: Der Eurostabilitätsmechanismus

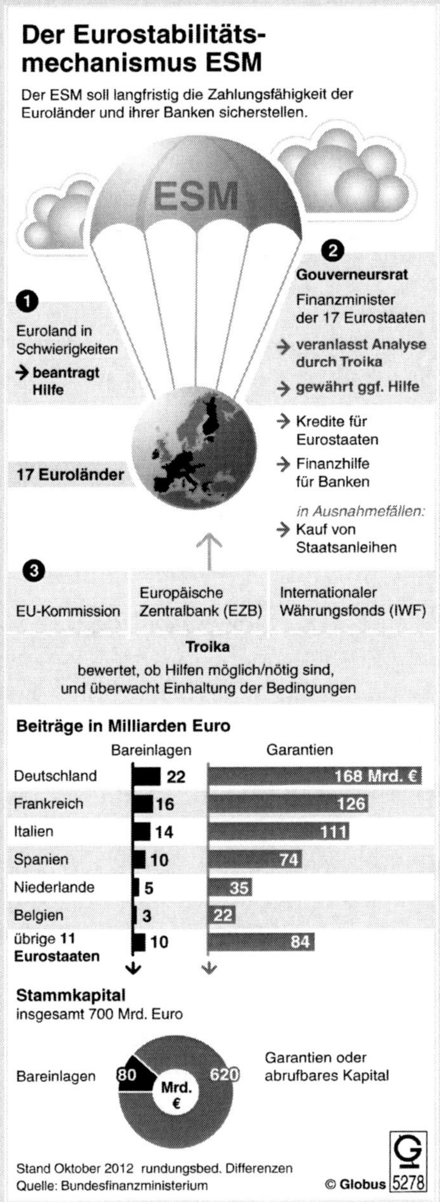

Quelle: picture-alliance/ dpa-infografik | dpa-infografik

Der Schengen-Raum

Gegenwärtig umfasst der Schengen-Raum 26 europäische Staaten (davon 22 EU-Mitgliedstaaten): Belgien, Dänemark, Deutschland, Estland, Finnland, Frankreich, Griechenland, Italien, Lettland, Litauen, Luxemburg, Malta, die Niederlande, Österreich, Polen, Portugal, Schweden, die Slowakei, Slowenien, Spanien, die Tschechische Republik, Ungarn sowie Island, Liechtenstein, Norwegen und die Schweiz.

Für die Länder, die dem Raum ohne Binnengrenzkontrollen angehören, bedeutet dies:

- an ihren Binnengrenzen (d.h. an den Grenzen zwischen zwei Schengen-Staaten) werden keine Personenkontrollen mehr durchgeführt;
- an ihren Außengrenzen (d.h. an den Grenzen zwischen einem Schengen- und einem Nicht-Schengen-Staat) werden einheitliche Kontrollen nach genau festgelegten Kriterien durchgeführt.

Folglich können sich sowohl EU-Bürger als auch Drittstaatsangehörige frei im Schengen-Raum bewegen und werden nur beim Überschreiten der Außengrenze kontrolliert.

Bulgarien, Irland, Kroatien, Rumänien und Zypern sind EU-Mitgliedstaaten, die nicht dem Schengen-Raum angehören. Dies bedeutet, dass ein Flug von einem dieser Staaten in einen Schengen-Staat als ein Drittlandflug gilt und daher Grenzkontrollen unterliegt. EU-Bürger haben aber bei Reisen innerhalb der EU das Recht auf Freizügigkeit, unabhängig davon, ob das Land Teil des Schengen-Raums ist oder nicht. Bei der Einreise in einen EU-Mitgliedstaat, der nicht dem Schengen-Raum angehört, müssen sie sich in der Regel nur den Mindestkontrollen zur Überprüfung ihrer Identität anhand von Reisedokumenten unterziehen (Personalausweis oder Reisepass).

Die Schengen-Staaten haben eine gemeinsame Außengrenze, für die sie seit dem Wegfall der Binnengrenzkontrollen gemeinsam verantwortlich sind, um die Sicherheit im Schengen-Raum zu gewährleisten. Das bedeutet aber nicht, dass Europa durch die wirksame Kontrolle der Außengrenze zu einer „Festung" wird. Natürlich müssen im Interesse der europäischen Wirtschaft Geschäftsreisen und Tourismus gefördert werden. Zudem muss die Außengrenze für Menschen, die hier arbeiten möchten oder Zuflucht vor Krieg und Verfolgung suchen, offenbleiben.

Staatsangehörige bestimmter Drittländer benötigen ein Visum für die Einreise in den Schengen-Raum. In den Schengen-Staaten gelten gemeinsame Bestimmungen für die Erteilung von Visa für kurzfristige Aufenthalte (Schengen-Visa), die im gesamten Schengen-Raum gültig sind. Inhaber dieser Visa dürfen sich innerhalb eines Zeitraums von 180 Tagen bis zu 90 Tage im Hoheitsgebiet der Schengen-Staaten aufhalten und frei bewegen.

Die Schengen-Bestimmungen regeln auch den kleinen Grenzverkehr, um im Grenzgebiet lebenden Drittstaatsangehörigen die Einreise in den Schengen-Raum zu erleichtern. Schengen-Staaten können Abkommen mit benachbarten Drittstaaten treffen, damit jene Grenzbewohner, die häufig in den Schengen-Raum einreisen müssen, die Grenze ohne die üblichen Grenzkontrollen bzw. ohne Schengen-Visum überschreiten dürfen.

Falls sich die innere Sicherheit eines Staates in Gefahr befindet, ist es möglich für diesen Staat die Grenzkontrollen wiedereinzuführen. Dieser Zustand ist allerdings für maximal 30 Tage zugelassen. Von diesem Recht haben mehrere Länder während der Flüchtlingskrise im Jahr 2015 Gebrauch gemacht.

Europäische Freihandelszone (EFTA)

Die EFTA (engl. **E**uropean **F**ree **T**rade **A**ssociation) ist eine zwischenstaatliche Organisation zur Förderung von Wirtschaft und Handel, die 1959 von Dänemark, Norwegen, Österreich, Portugal, Schweden, der Schweiz und Großbritannien in Stockholm vereinbart wurde. Ihre Bedeutung ist im Laufe der Zeit stark geschrumpft, zahlreiche Mitglieder sind inzwischen der EG/EU beigetreten. Heute besteht die EFTA nur noch aus Norwegen, der Schweiz, Island und Liechtenstein. Ihr Sitz ist Genf. Grundlegendes Ziel war der Abbau von Zöllen zwischen den Mitgliedstaaten. Außerdem werden allgemeine wirtschafts- und sozialpolitische Ziele wie die Förderung von Wirtschaftswachstum, die Steigerung von Wohlfahrtschancen, finanzpolitische Stabilität und Vollbeschäftigung aufgeführt. Kernbereich bleibt die Gewährleistung gerechter Handels- und Wettbewerbsbedingungen. 1992 wurde das EWR-Abkommen (Europäischer Wirtschaftsraum) unterzeichnet. Es entstand ein gemeinsamer Wirtschaftsraum zwischen EG und EFTA. Die Schweizer Bevölkerung lehnte den Beitritt zum EWR in einer Volksabstimmung ab (6.12.1992), ist ihm aber über bilaterale Abkommen verbunden.

6.3 Aspekte der Globalisierung

Globalisierung beschreibt ein multidimensionales Phänomen des zunehmenden Austauschs und der zunehmenden Vernetzung der Welt. Zu den unterschiedlichen Dimensionen gehören:

- **Ökonomische Dimension**
- **Soziale Dimension**
- **Ökologische Dimension**
- **Kulturelle Dimension**

Motor der Globalisierung ist eine sich immer weiter entwickelnde Technik vor allem in den Bereichen Kommunikation (Telefon, Internet) und Transport (Flugverkehr, moderne Schifffahrt, Container) und damit sinkende Kosten, die dafür sorgen, dass die Menschen der Welt näher rücken als jemals zuvor in der Geschichte. Unterstützt wird die Globalisierung durch den Abbau von Handelsschranken, Deregulierung und Privatisierung. Dieses Zusammenwachsen der Welt hat mannigfaltige positive wie negative Auswirkungen auf Mensch, Gesellschaft und Umwelt.

Ökonomische Dimension

Die Globalisierung führt zur zunehmenden Verflechtung der Volkswirtschaften. Folge ist eine immer weitergehende Liberalisierung von Güter-, Kapital-, Dienstleistungs- und Arbeitsmärkten. Zollschranken werden abgebaut und Handel erleichtert. Neben dem Waren- und Güterhandel ist es besonders der Finanzsektor, der durch die Entwicklung der neuen Kommunikationstechnik massiven Veränderungen unterworfen ist. Finanzielle Transaktionen, egal ob Überweisungen, Aktienhandel oder sonstige, finden heute quasi schon in Echtzeit statt, egal wo auf der Welt sich die Handelspartner befinden.

Sinkende Kosten für Kommunikation, Transaktion und Transport sorgen dafür, dass Beschaffungs- und Absatzmärkte, Produktions- und Dienstleistungsstandorte, aber auch Arbeitsmärkte und Forschungs- und Ausbildungsstandorte immer dichter zusammenrücken, egal wo auf der Welt sie sich tatsächlich befinden. Neue Märkte können von den Unternehmen erschlossen werden und Absätze gesteigert werden. Dies bedeutet sinkende Kosten, die multinationale Unternehmen nutzen können, die die Hauptträger der Globalisierung sind.

Diese massiven Veränderungen führen dazu, dass sich die einzelnen Nationalstaaten nicht mehr alleine um ihre Wirtschaftspolitik kümmern können. Umgekehrt sehen sich die einzelnen Staaten teilweise in eine Rolle gedrängt, in der sie um die Ansiedlung internationaler Unternehmen konkurrieren, da die Unternehmen Faktoren wie Lohnkosten, Steuersätze, Subventionen etc. der einzelnen Länder genau abwägen und in ihren Investitionsentscheidungen berücksichtigen.

Die internationalen Verflechtungen sind so komplex und überstaatlich geworden, dass sich eine Reihe von internationalen Organisationen gebildet hat, die versuchen, den internationalen Handel zu gestalten und allgemeingültige Regeln zu entwickeln.

Abbildung 51: Organisationen

WTO Welthandels-organisation 	Weltbank 	IWF Internationaler Währungsfonds 
Weltweite Handelsorganisation **Gründung:** 1994 **Sitz:** Genf **Mitglieder:** 164 **Stimmrecht:** • eine Stimme je Land • Entscheidungen müssen üblicherweise einstimmig getroffen werden **Aufgaben/Ziele:** • Abbau von Handelsschranken • Lösung von Handelskonflikten • Durchführung, Verwaltung und Entwicklung der WTO-Abkommen GATT (Handel mit Waren), GATS (Handel mit Dienstleistungen, TRIPS (Schutz des geistigen Eigentums) **Prinzipien:** • Meistbegünstigung (Handelsvorteile müssen für alle Mitglieder gelten) • Inländerbehandlung (ausl. Produkte und Dienstleistungen müssen inländischen gleichgestellt sein) • Transparenz (gegenseitige Information über Handelshemmnisse)	**Multinationale Entwicklungsbank mit versch. Unterorganisationen/ Sonderorganisation der UNO** **Gründung:** 1945 **Sitz:** Washington D.C. **Einzahlung und Stimmrecht:** • Stimmrecht nach Einzahlungshöhe **Aufgaben/Ziele:** • langfristige Kreditvergabe an Entwicklungs- und Schwellenländer zur Förderung von Entwicklungsprojekten • Zuschüsse für die ärmsten Länder • Beratung bei der wirtschaftlichen Entwicklung • Jährliche Veröffentlichung des Weltentwicklungsberichtes	**Sonderorganisation der UNO** **Gründung:** 1945 **Sitz:** Washington D.C. **Mitglieder:**189 **Einzahlungen und Stimmrecht:** • je nach wirtschaftl. Größe • Beschlüsse mit min. 85 % der Stimmen **Aufgaben/Ziele:** • Kreditvergabe an Mitglieder bei wirtschaftlichen Schwierigkeiten (mit entsprechenden wirtschaftspol. Auflagen wie Haushaltskürzungen, Privatisierung, Abbau von Zollschranken) • Zusammenarbeit in der Währungspolitik fördern • Ausweitung des Welthandels • Stabilität der Währungen • Devisenverkehrsbeschränkungen abbauen

Quelle: eigene Darstellung

Durch den verschärften Wettbewerb und die hohe Faktormobilität (Kapital, Arbeit und Wissen) entstehen auf der einen Seite Vorteile für die Konsumenten wie ein größeres Warenangebot und niedrigere Preise. Auf der anderen Seite sind aber auch einzelne Unternehmen und auch teilweise ganze Wirtschaftszweige in einzelnen Ländern in ihrer Existenz bedroht, mit entsprechenden Folgen für Arbeitsmarkt und Wirtschaftsleistung. Durch die Zunehmende Auflösung der nationalen Grenzen für die Unternehmen greifen entsprechende protektionistische Maßnahmen der Staaten nur noch bedingt.

Fördert Globalisierung Demokratie und Frieden?

Durch den Ausbau von Kommunikationsverbindungen und neue Technologien wie Internet mit den zugehörigen sozialen Medien fällt es autoritären Regimen zunehmend schwer, die eigene Bevölkerung abzuschotten und mit kontrollierten staatlichen Medien propagandistisch zu beeinflussen. Zunehmender gesellschaftlicher Wohlstand führt zusätzlich zur Etablierung einer gebildeten und potenten Mittelschicht, die nach politischer Teilhabe und Selbstbestimmung strebt. Die Gefahr für totalitäre Herrschaft steigt.

Welchen Effekt dies langfristig hat, und ob es in einer zunehmend globalisierten Welt tatsächlich friedlicher und demokratischer zugeht, oder ob nur die Instabilität steigt, bleibt abzuwarten.

Soziale Dimension

Wie in den anderen Dimensionen hat die Globalisierung auch Auswirkungen im sozialen Bereich. Von Arbeitskräften wird eine höhere, gegebenenfalls internationale Mobilität erwartet. Auch in der Ausbildung und im Studium ist ein Auslandsaufenthalt nichts Ungewöhnliches mehr. Mehrsprachigkeit ist ein Standard, der sich schon in der Schulausbildung zeigt. Auch das Freizeitverhalten mit den entsprechenden Urlaubsreisen bietet vielfältigere internationale Möglichkeiten als jemals zuvor. Durch die Globalisierung kommt es zudem zu weltweiten Migrationsbewegungen. Menschen in ärmeren Teilen der Welt wollen am Wohlstand teilhaben und begeben sich auf die Reise. Die jederzeitige Verfügbarkeit von Informationen über die westliche Lebens- und Konsumweise fördert dies zusätzlich. Auf diesem Feld öffnen sich neue Problemfelder für die Politik, die nicht nationalstaatlich, sondern nur global gelöst werden können.

Ökologische Dimension

Immer mehr wird deutlich, dass auch die negativen Aspekte der Globalisierung nicht an den Landesgrenzen halt machen, sondern ein weltweites Problem darstellen. Über Flüsse und Meere oder über die Atmosphäre gelangen Müll und Giftstoffe in alle Teile der Welt. Auch diejenigen Länder sind davon betroffen, die ansonsten wenig von den ökonomischen Vorteilen der Globalisierung profitieren. Hier entsteht die Gefahr, dass die einen die Gewinne realisieren und die anderen die Kosten tragen müssen.

Kulturelle Dimension

Marken wie Mc Donalds, Coca-Cola, Mercedes oder Apple sind mittlerweile auf der ganzen Welt zu haben. Fernsehserien werden in unzählige Sprachen übersetzt und weltweit gesendet. Mode und Geschmack werden durch Werbung, Fernsehen und das Internet weltweit immer homogener. Verstärkt wird dieser Effekt durch die Multinationalen Unternehmen mit ihren weltweit angebotenen standardisierten Produkten. So bildet sich eine zunehmend gemeinsame Konsumwelt heraus, neben der es aber auch eine sich annähernde Form von Werten, Interessen, Freizeitaktivitäten und Lebensformen gibt. Eine gemeinsame, international-globale Kultur entsteht. Viele dieser Elemente haben ihren Ausgangspunkt in den USA und den anderen westlichen Industrienationen und somit ist diese neue internationale Kultur stark der westlichen Prägung unterworfen.

Glokalisierung

Ein Gegentrend zur Globalisierung mit ihrer zunehmenden Internationalisierung und der Herausbildung einer Einheitskultur stellt die Rückbesinnung auf die eigene regionale Identität als Identifikations- und Orientierungspunkt dar. Lokale Moden und Feste, alte Traditionen und Lebensmittel werden neu- oder wiederentdeckt. Dabei kann es zu einer bewussten Gegenpositionierung gegen Internationalisierung kommen, aber auch zu einer zusätzlichen Bereicherung, je nachdem ob es eine Gegenbewegung oder Ergänzung gibt. Im politischen Bereich können nationalistische Parteien mit einer protektionistischen Vorstellung von Wirtschaftspolitik profitieren, die auch gezielt die Angst vor Überfremdung durch Migration instrumentalisieren.

Übersicht 33: Chancen und Risiken der Globalisierung

	Chancen	Risiken
Unternehmen	• Erschließung ausländischer Märkte • Absatzsteigerung • günstige Beschaffung von Rohstoffen, Vor- und Fertigprodukten • Kosteneinsparungen durch Arbeitsplatzverlagerung ins Ausland • Alternative von günstigeren Standorten im Ausland	• größerer Wettbewerbsdruck • Gefahr durch Preisdumping ausländischer Konkurrenten • Risiko durch fehlende Rechtssicherheit auf internationaler Ebene • kleinere Unternehmen können durch größere übernommen werden • Gesteigerte Bedeutung der internationalen Finanzmärkte führt zu stärkerer Fixierung auf shareholder value als Unternehmensziel
Private Haushalte	• Größere Auswahl an Produkten und Dienstleistungen. • geringere Preise • Gerade untere Einkommensschichten profitieren überproportional, da sie einen im Verhältnis größeren Teil ihres Einkommens für Konsumartikel ausgeben müssen. • mehr Arbeitsplätze in expandierenden Unternehmen	• Gefahr von Arbeitslosigkeit oder Senkung von Lohn- und Sozialleistungsniveau durch Konkurrenz mit Billiglohnländern • Nichteinhaltung von Gesundheits- und Sicherheitsstandards durch ausländische Produkte sowie Verwässrung dieser Standards durch Handelsabkommen • flexibilisierung des Arbeitsmarktes
Staat	• neue Jobs in Industriezweigen, die sich am Weltmarkt behaupten • steigende Steuereinnahmen durch wachsende Industrien und deren Angestellte, sowie durch steigenden Wohlstand • Gesamtwirtschaftlich steigender Wohlstand durch Freihandel • ausländische Direktinvestitionen • Vermeidung von Konflikten zwischen Staaten, die zunehmend enger wirtschaftlich verflochten sind	• Erpressbarkeit in Krisenzeiten, wenn wichtige Produkte wie Rüstungsgüter, Nahrungsmittel, Öl und andere Rohstoffe aus dem Ausland bezogen werden müssen • Staat muss mit anderen Staaten konkurrieren um attraktiver Wirtschaftsstandort zu sein • Beschleunigung des Strukturwandels • Arbeitslosigkeit in Industriezweigen die sich am Weltmarkt nicht behaupten • Konflikte und Erpressung durch große multinationale Konzerne • Fehlen eines internationalen Rechtssystems • Gefahr der ungleichen Verteilung des steigenden Wohlstands durch Freihandel
Entwicklungsländer	• steigender Wohlstand durch Freihandel • Freihandel fördert die Entwicklung, da Regierungen nach Investoren streben und somit in Bildung und Infrastruktur investieren sowie Korruption bekämpfen. Freihandel ist also effektiver als Entwicklungshilfe, die leistungsungebunden gezahlt wird	• Industriestaaten schützen ihre Märkte, gerade im Bereich Landwirtschaft durch protektionistische Maßnahmen • Gefahr einer Spezialisierung (Theorie der komparativen Kostenvorteile) auf Güter, die wenig Entwicklungspotential haben (Nahrungsmittel, einfache Fertigprodukte) • Reduzierung der Wirtschaft auf Rohstoffexport und entsprechende Abhängigkeit von Weltmarktpreisen und ihren Schwankungen • Konzentration auf wenige Exportgüter und damit einhergehende Abhängigkeit

Quelle: eigene Darstellung

Abbildung 52: Ökonomische Auswirkungen der Globalisierung

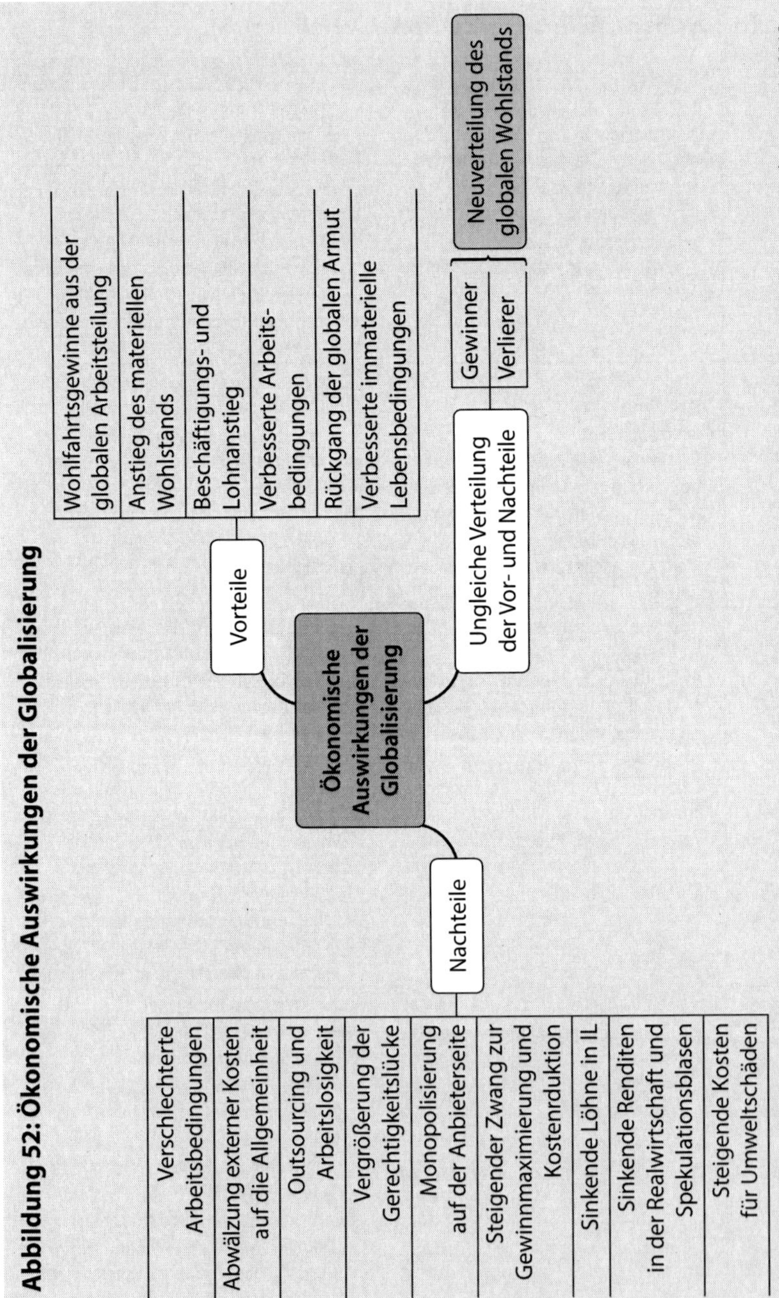

Quelle: https://lehrerfortbildung-bw.de/u_gewi/wirtschaft/gym/bp2004/fb1_2/05_hilfen/ausland3/12_oek_glob/pix_700/oekon_ausw_02.htm vom 4.1.2019

FRAGEN

Ausland

Reproduktion

1. Nennen Sie verschiedene Theorien des internationalen Handels.
2. Beschreiben Sie den Unterschied zwischen tarifären und nichttarifären Handelshemmnissen mittels selbstgewählter Beispiele.
3. Nennen Sie die Organe der Europäischen Union.
4. Beschreiben Sie den Aufbau der Europäischen Zentralbank.
5. Charakterisieren Sie den Europäischen Rechnungshof.
6. Nennen Sie die vier Freiheiten des Europäischen Binnenmarktes.
7. Arbeiten Sie wesentliche Chancen und Risiken des Europäischen Binnenmarktes heraus.
8. Nennen Sie die Aufnahmebedingungen (Konvergenzkriterien) in die Europäische Währungsunion.
9. Charakterisieren Sie den Begriff „Schengen-Raum".
10. Beschreiben Sie, um was es sich bei der Globalisierung handelt.

Reorganisation und Transfer

1. Erklären Sie, warum es sich, nach Adam Smith, für Nationen lohnt, Handel zu betreiben.
2. Analysieren Sie, warum sich Handel auch zwischen Nationen lohnt, die ähnliche Produkte herstellen könnten. Gehen Sie dabei auf verschiedene Theorien ein.
3. Analysieren Sie: Handeln Nationen oder Unternehmen und Privathaushalte? Welche Auswirkungen auf die Betrachtung von Handel haben diese jeweiligen Perspektiven?
4. Erklären Sie, warum Länder gleiche Güter herstellen und diese dann Handel miteinander treiben.
5. Erklären Sie, warum es so schwierig ist, nichttarifäre Handelshemmnisse zu beseitigen.
6. Erläutern Sie die Aufgaben der Europäischen Zentralbank.

7. Analysieren Sie den Europäischen Binnenmarkt. Gehen Sie dabei besonders auf die Verwirklichung der vier Grundfreiheiten ein.
8. Erläutern Sie den Begriff „Währungsunion".
9. Begründen Sie die Wichtigkeit des Europäischen Rettungsschirms (ESM).
10. Stellen Sie die Bedeutung des Schengen-Raumes für den einzelnen Bürger der EU dar.
11. Begründen Sie, warum die EFTA an Bedeutung verloren hat.
12. Stellen Sie die unterschiedlichen Dimensionen der Globalisierung dar.
13. Analysieren sie Probleme, die sich durch die Gewichtung der Stimmen jeweils in den unterschiedlichen Organisationen WTO, IWF und Weltbank ergeben.

Reflexion und Problemlösung

1. Freihandel oder Rückkehr zum Protektionismus- Erörtern Sie, was den einzelnen Teilnehmern im Wirtschaftskreislauf nutzt?
2. Bewerten Sie, ob ein Staat spezielle Wirtschaftszweige schützen soll, auch wenn dies sehr teuer ist. Wenn ja, welche? Begründen Sie Ihre Argumentation und die Auswahl der Bereiche.
3. Beurteilen Sie, ob eine Autarkie im Handel für Staaten erstrebenswert ist.
4. Analysieren Sie, ob Entwicklungsländer in ihrer wirtschaftlichen Entwicklung mehr von protektionistischen Maßnahmen, die ihre einheimische Wirtschaft vor dem rauen Wind der internationalen Märkte schützen oder eher mehr vom Freihandel profitieren.
5. Freihandel ist die bessere Entwicklungspolitik!
   Verfassen Sie eine entsprechende flammende Rede.
6. Beurteilen Sie die Auswirkungen der EU-Schutzzölle für die Agrarwirtschaft auf die Entwicklungsländer.
7. Beurteilen Sie, inwieweit die EZB die Preisstabilität im Euroraum gewährleistet.
8. Gestalten Sie eine Rede, in der Sie den Europäischen Binnenmarkt als einen wichtigen Punkt der Europäischen Union darstellen.
9. Erörtern Sie die Aussage „Ohne eine gemeinsame Währung keine funktionierende Europäische Union".
10. Gestalten Sie ein Streitgespräch zwischen Befürwortern und Gegnern des Europäischen Rettungsschirms.

11. Befürworter eines Austritts Englands aus der EU argumentierten: Der Binnenmarkt der EU habe zu einer großen Einwanderungswelle in England geführt. Das habe viele Arbeitsplätze der eigenen Bürger gekostet. Bewerten Sie diese Argumentationsweise.
12. Europafeindliche Parteien in der Bundesrepublik Deutschland werben mit der Aussage, dass die Bundesrepublik Deutschland ohne die Europäische Union wirtschaftlich wesentlich besser dastünde. Überprüfen Sie diese Aussage.
13. Beurteilen Sie die Auswirkungen der Globalisierung für private Haushalte, Arbeitnehmer, Unternehmen und den Staat jeweils in westlichen Industrienationen und in Entwicklungsländern.
14. Ist die Globalisierung umkehrbar? Beurteilen Sie Ihre Position.
15. Wie bewerten Sie das Phänomen der Globalisierung?

Stichwortverzeichnis

A

B

C

D

E

F

G

H

I

J

K

L

M

N

O

P

R

S

T

U

V

W

Z